Tres enseñanzas sobre la meditación Vipassanā

S. N. Goenka

Prefacio de William Hart

VIPASSANA RESEARCH PUBLICATIONS

VIPASSANA RESEARCH PUBLICATIONS
Una impresión de
Pariyatti Publishing
www.pariyatti.org

Traducción por Comité global de traducciones al español (CGTE).

ISBN: 978-1-68172-536-9 (paperback)
ISBN: 978-1-68172-537-6 (ePub)
ISBN: 978-1-68172-538-3 (Mobi)
ISBN: 978-1-68172-539-0 (PDF)
Library of Congress Control Number: 2023933124

Fotografía de la portada del libro Tayla Kohler (unsplash.com/@ taylaktictac).

Contenido

Prefacio

Cuando pronunció estas tres conferencias sobre la meditación Vipassanā en la Universidad de Rangoon, en 1991, Satya Narayan Goenka insufló nueva vida a la vieja relación de varios milenios entre la India y Birmania (hoy Myanmar), nacida precisamente en torno a las enseñanzas del Buda.

Hace 2600 años, Gautama el Buda vivió y enseñó en el Valle del Ganges, al Norte de la India. Según la leyenda, muchos habitantes de Birmania, país vecino, estuvieron entre sus primeros discípulos. Trescientos años más tarde, unos monjes emisarios del Dhamma, dejaron la India para ir a Birmania, con el fin de difundir allí la enseñanza del Iluminado. En el transcurso de los siglos siguientes, se edificaron y se derrumbaron imperios, muchos ejércitos triunfaron y fueron derrotados, y los sistemas de creencias prevalecieron y desaparecieron. En India, la enseñanza del Buda fue adoptada y seguida por millones de hombres y mujeres, antes de empezar poco a poco a degradarse, hasta llegar a ser olvidada y luego perdida por completo.

Afortunadamente, en Birmania se conservaron las palabras del Buda, así como como la práctica que permite experimentar sus enseñanzas. Esta práctica es lo que constituye la meditación Vipassanā. En pāli, lengua de la antigua India, Vipassanā significa "visión cabal", ver las cosas tal como son. Es la esencia de la enseñanza del Buda que permite experimentar las verdades de las que él habló. Esta técnica, fiel a la forma original transmitida por el Buda, permaneció como una tradición viva en Birmania, y fue transmitida con mucho cuidado de generación en generación durante siglos, por los "hijos del Buda", personas que habían renunciado a la vida laica para convertirse en monjes.

Las cosas comenzaron a cambiar en el siglo XIX, en respuesta a una creencia tradicional según la cual, 2500 años después de la muerte del Buda, su enseñanza renacería en la India y desde allí se extendería por el mundo entero. Para muchos birmanos, investigar qué debían hacer para renacer en esta época, se convirtió en la tarea esencial de sus vidas.

Sayagyi U Ba Khin, el maestro de S. N. Goenka, tuvo un papel esencial en esta realización. Contrariamente a los monjes meditadores que practicaban Vipassanā en la soledad del bosque, Sayagyi U Ba Khin era un laico, un alto funcionario comprometido con la vida moderna y que dominaba perfectamente el inglés. Aunque sus actividades como maestro de Vipassana se limitaron a Birmania, muchas personas no-budistas se sintieron atraídas por sus cursos. Cuando Sayagyi conoció a S. N. Goenka en 1955, inmediatamente reconoció en él a la persona que lo ayudaría a cumplir la tarea más importante de su vida.

Ya en su primera juventud, Goenka había alcanzado una vida llena de éxitos según los criterios sociales de su época: tenía una posición social envidiable y ganaba mucho dinero, lo que le permitió ganarse el respeto de sus conciudadanos. Pese a esto, no experimentaba paz en su mente. Y fue esto lo que lo llevó hasta U Ba Khin. Y, como él mismo él lo ha repetido, esta experiencia que vivió junto a él lo hizo nacer por segunda vez.

Nacido en una familia india llegada a Birmania dos generaciones antes que la suya, y que permanecía profundamente apegada a la tradición hinduista, Goenka tuvo muchas dudas antes de aprender la meditación Vipassanā. Con la ayuda de U Ba Khin, comprendió que el Buda, no ofrecía una nueva religión sino la solución a un problema universal: el sufrimiento inherente a la vida humana. La insistencia de U Ba Khin sobre la naturaleza práctica y universal de la enseñanza del Buda fue lo que terminó por convencer a Goenka. Pero más determinante aún fue su propia experiencia sobre el poder transformador de Vipassanā, cuyo objetivo es purificar la mente, eliminando la negatividad y las tensiones mentales que nos atan al sufrimiento.

S. N. Goenka pasó catorce años junto a U Ba Khin, y en 1969 debió ir a la India para estar con su madre, que se encontraba enferma. U Ba Khin le confió, la misión que tenía reservada en su corazón: difundir la enseñanza del Buda, es decir, la meditación Vipassanā, primero en India, y después en el resto del mundo. Los primeros años en la India fueron difíciles. S. N. Goenka conocía a muy poca gente allí, apenas tenía contactos y la enseñanza que él representaba era generalmente incomprendida, cuando no desconocida. Sin embargo, veinticinco años más tarde, había conseguido reintroducir Vipassanā en su tierra de origen, y la había enseñado a decenas de miles de occidentales. Con sus cursos había propiciado la creación de decenas de centros dedicados a la práctica de Vipassanā; y había tenido la iniciativa de desarrollar su enseñanza en las prisiones, para facilitar el retorno a la vida social de los hombres y mujeres detenidos; y también en las empresas, con el fin de mejorar las condiciones de trabajo.

Durante este cuarto de siglo, recorrió un gran número de países impartiendo cursos de Vipassanā, pero no había podido volver a Birmania, su tierra natal. Se nacionalizó indio en 1979 y con ello perdió el derecho a regresar; ya que el gobierno birmano aplicaba una política muy severa con respecto a los ciudadanos que abandonaban el país.

Sin embargo, su creciente reputación cada vez traspasaba más fronteras, y poco a poco fue abriendo la puerta que se había cerrado tras de sí. Finalmente pudo realizar su anhelo más querido: regresar al país donde había nacido y donde había descubierto la enseñanza del Buda: En 1991, el gobierno birmano lo invitó, como el profesor laico más célebre de Vipassanā en el que se había convertido.

En 1969 su viaje a India había pasado inadvertido. Veintidós años más tarde, tanto laicos como monjes acudieron en gran número a las tres conferencias que impartió.

Fue un momento extraordinario. Porque si hay algo que enorgullece a los habitantes de Myanmar es que están convencidos de que su país sobrepasa a los demás en la enseñanza del Buda. Además, hay que tener en cuenta que, en Myanmar, la enseñanza de la meditación constituye una potestad tradicional de los monjes budistas. ¿Cómo se puede comprender entonces la atracción ejercida por un laico, acompañado de su mujer, un hombre de origen indio, nacido en una tradición espiritual distinta del budismo?

Las personas acudieron en gran número a escucharlo, porque reconocieron en S. N. Goenka a un auténtico portavoz de la enseñanza del Buda, alguien que no sólo la encarnaba, sino que demostraba en persona, su poder de atracción y su eficacia. Acudieron también porque estaban seguros de que Vipassanā ofrece resultados "vivos, concretos, personales aquí y ahora", según las palabras de U Ba Khin.

Estas tres conferencias, impartidas en la Universidad de Rangoon, los días 6, 7 y 8 de septiembre de 1991, no habían sido publicadas hasta la fecha. Se publicaron por primera vez en lengua francesa en septiembre de 2009, gracias a la traducción desde el inglés que realizaron Jean-Claude Sée y Kim Vu Dinh, permitiendo al lector saborear las cualidades de la enseñanza de Goenkaji, "el respetado señor Goenka", en hindi, como lo llaman cariñosamente sus estudiantes.

S. N. Goenka presenta aquí las enseñanzas del Buda como un todo, una progresión lógica a seguir sin interrupción desde el primer paso hasta la meta final, la liberación de los condicionamientos mentales, que causan el sufrimiento.

Este camino comienza con *sīla**, la disciplina de la conducta ética, que proporciona la tranquilidad mental que permite avanzar en la dirección espiritual. Enseguida viene *samādhi*, la disciplina de la concentración o dominio de la mente, que se desarrolla trabajando con la concentración en la propia respiración. Gracias a esta concentración elevada, podemos pasar al tercer paso, *paññā*, o la disciplina de la sabiduría. Trabajar estas tres disciplinas es entrar en la práctica misma de Vipassanā, que, mediante la observación objetiva de las sensaciones que se producen sin cesar en nuestro cuerpo, que surgen y desaparecen sin interrupción, nos permite experimentar su naturaleza impermanente. Este método de meditación provoca un verdadero proceso de transformación: las tensiones desaparecen y la mente alcanza progresivamente un estado de equilibrio y de paz reales.

Se trata de una progresión paso a paso, y en cada etapa, Goenkaji nos recuerda que será efectivamente útil sólo si se experimenta por uno mismo, y no porque nos entreguemos al Buda por devoción.

Todos los que han seguido los cursos conducidos por S. N. Goenka y lo han escuchado, se han sentido inspirados por sus palabras. En este maestro han encontrado una presencia amistosa y sonriente, un talentoso contador de historias; un maestro sin igual que trata a todos los que se le acercan con el mismo respeto y la misma compasión; una persona sabia y humilde que se considera simplemente un mensajero de U B Khin y del Buda.

S. N. Goenka y sus maestros asistentes no aceptan ninguna remuneración por la enseñanza de Vipassanā. Ofrecen libremente su trabajo a la humanidad, al servicio de la paz y de la felicidad, y siguen las estrictas reglas de conducta enunciadas por el Buda.

Es algo raro en nuestra época encontrar un maestro y una tradición libres de toda explotación comercial; es raro también descubrir una enseñanza que se ha popularizado en Occidente sin por ello haber olvidado sus raíces Orientales.

He aquí pues la meditación Vipassanā, presentada por quien la ha dado a conocer en el mundo entero. Una técnica simple y accesible para que personas de todas partes alcancen la verdadera paz de la mente y puedan llevar una vida feliz y provechosa.

William Hart*

---

* William Hart es el autor de *El arte de vivir*, (editorial Metta, 2009) una presentación detallada de la meditación Vipassanā enseñada por S. N. Goenka.

Nota al lector

Estas tres enseñanzas presentadas por S. N. Goenka en la Universidad de Rangoon, constituyen un evento excepcional, ya que raramente Goenka expone en un marco público la técnica de meditación Vipassanā con tanto detalle como lo hace aquí.

S. N. Goenka se dirige a un público birmano, constituido por monjes y laicos, para quienes las principales enseñanzas del Buda forman parte de una cultura común y familiar. Por esta razón, sin duda, Goenka pasa con rapidez sobre ciertos conceptos seguramente conocidos por su auditorio. Las notas a pie de página y el glosario al final de la obra aportarán al lector -eso esperamos- las explicaciones puestas en contexto y las referencias bibliográficas necesarias para comprender las enseñanzas del Buda y facilitar la lectura de esta obra.

Hemos elegido conservar el estilo oral de Goenka, para lo cual ciertos pasajes han sido ligeramente adaptados con el fin de mantener la mayor fidelidad posible a las características pedagógicas de estas tres enseñanzas, cuya fuerza reside en el hecho de que el maestro se dirige a su auditorio desde el punto de vista de su experiencia personal de las enseñanzas del Buda, y no simplemente a partir del conocimiento teórico que posee.

Por tanto, las aparentes repeticiones que vuelven sobre algunos conceptos bien conocidos por los budistas, han sido conservadas. Estas iteraciones sucesivas son para Goenka la ocasión de presentar estos conceptos bajo la luz particular de la meditación Vipassanā que él enseña, y de explicar cómo ésta acompaña al practicante hasta la meta final de la liberación.

Las principales citas y términos en pāli usados por S. N. Goenka han sido igualmente transcritos pues permiten al lector desarrollar una cierta familiaridad con las palabras del Buda. En efecto, el pāli, lengua vernácula indo-europea hablada en la India de su época, se ha mantenido como vehículo privilegiado para transmitir su enseñanza en los países del budismo Theravāda. La sonoridad particular de esta lengua es considerada por sí misma una manera específica de aprehender la enseñanza, diferente del análisis intelectual de los textos.

A pesar del enorme cuidado puesto en la retranscripción de las alocuciones de S. N. Goenka en inglés y en pāli, después de su traducción y adaptación a partir de los dos idiomas, algunos errores de interpretación se pueden haber introducido independientemente de la voluntad del autor, que ha dado su apoyo a este proyecto, pero que no pudo verificar por sí mismo la exactitud de la edición francesa o española puesto que no conoce estas lenguas.**

** La traducción al español ha sido realizada a partir de la edición en francés. (Nota del traductor)

Nota acerca de la pronunciación del pāli

El alfabeto comprende cuarenta y un caracteres: ocho vocales y treinta y tres consonantes. Éstas han sido transcritas en caracteres latinos utilizando los signos diacríticos para indicar la acentuación.

Vocales: a, ā, i, ī, u, ū, e, o

Consonantes:

Velares: k, kh, g, gh, ṅ
Palatales: c, ch, j, jh, ñ
Retroflexas: ṭ, ṭh, ḍ, ḍh, ṇ
Dentales: t, th, d, dh, n
Labiales: p, ph, b, bh, m
Otras: y, r, l, v, s, h

Vocales:

- *a, i, u,* son vocales cortas; *ā, ī, ū* son largas; e y o son largas (*deva, loka*) excepto delante de una consonante doble: *mettā, phoṭṭhabbā.*

Consonantes:

- *c* delante de vocal se pronuncia "ch", ejemplo: *citta.* Cuando es doble como en *anicca,* se pronuncia "tch"
- *j* se pronuncia *dj*, como el inglés "james", ej: *jhāna*
- *s*, es una s dura, como en *anusaya.*
- Las consonantes seguidas de una "h" son aspiradas, es decir, pronunciadas con una aspiración audible, ej: *bhikkhu, Tathāgata.* Las consonantes dobles deben pronunciarse más fuerte, ej: *Nibbāna, Dhamma*

- *ṭ, ṭh, ḍ, ḍh, ṇ* se pronuncian con la punta de la lengua doblada hacia atrás, mientras que, para las dentales *t, th, d, dh, n,* la punta de la lengua toca los dientes de arriba.
- *ṅ* se pronuncia cono *ng* en "*gong*"
- *ñ* es igual a la española, ej. *paññā*
- *ṃ* es un sonido similar a *ṅ*, pero precedida de una vocal.
- *v* se pronuncia como la labiodental francesa en "vie"
- *ḷ* se produce con la lengua hacia atrás, casi como *rl* combinadas.

Primer día

Saludo al bienaventurado, al verdadero Buda.

Muy venerables monjes y queridos amigos, estamos aquí reunidos para que les presente la enseñanza del Iluminado, una enseñanza muy simple, pero de una gran profundidad. El Buda lo expuso en pocas palabras:

Abstenerse de toda acción impura, mala, inmoral.
Realizar sólo buenas acciones, acciones piadosas.
Purificar la mente sin cesar.

Sabbapāpassa akaraṇaṃ
Kusalassa upasampadā
Sacitta pariyodapadaṃ.[1]

Esta es la enseñanza de Gautama el Buda y la de todos los Budas. Cualquiera que se convierta en Buda no enseña más que estas tres cosas. Eso es todo. Es simple, pero llega hasta lo más profundo de la mente.

En un nivel superficial, estos preceptos dan la impresión de ser demasiado obvios. Toda religión digna de este nombre lo proclama de una manera u otra: "Abstente de malas acciones, realiza acciones buenas, purifica tu mente." Lo sé muy bien: provengo de una familia hindú extremadamente ortodoxa, y estos tres preceptos se enseñaban en la religión que practiqué desde la infancia. Las escrituras de la India, las escrituras brahmánicas, jainas, sikhs, así como las enseñanzas de las religiones del mundo entero, recomiendan abstenerse de malas acciones, realizar buenas acciones, y purificar la

1. *Dhammapada*, verso 183, "Khuddaka Nikāya", *Sutta Piṭaka, Tipiṭaka.*

mente. ¿Entonces, qué tiene de especial lo que enseñó el Buda? Esto es lo que intentaremos comprender.

Si se hubiera conformado con pronunciar sermones, el Buda sería comparable a todos los otros maestros espirituales. Pero él hizo algo más que eso, consciente de que solo los discursos no sirven de nada, indicó un camino, una técnica, una práctica gracias a la cual podemos vivir una vida conforme al Dhamma.[2]

Intelectualmente todos reconocen que es necesario llevar una vida moral. También se acepta en un nivel devocional, porque lo ha dicho el Buda, o el fundador de una religión o de una tradición a la que se pertenece. Sin embargo, aceptarlo a nivel real, es decir en el nivel de la experiencia personal, es extremadamente difícil. Pero lo cierto es que, sin este nivel, falta todo lo esencial.

Se nos dice: "Abstente de malas acciones." ¿Pero cómo hacerlo? "Realiza buenas acciones". ¿Pero cómo llevarlas a cabo? "Purifica tu mente". ¿Pero cómo purificarla?

Es aquí donde se manifiesta la especificidad, la superioridad de la enseñanza del Buda: él indica cómo hacerlo, indica un camino, un camino maravilloso. Un Buda enseña el Dhamma que se adquiere a través de la experiencia.

La primera parte de este camino es la práctica de la moralidad (*sīla*), la abstención de toda acción negativa del cuerpo y la palabra. Un maestro espiritual podrá deciros que si vosotros cometéis malas acciones iréis al infierno; y que, si os abstenéis de las malas acciones, iréis al paraíso. Y esto es verdad. Pero ¿quién se preocupa de su vida futura? Apreciar la vida presente es suficiente. Nadie piensa en lo que le espera después. Además, más allá de este hecho universal, este tipo de advertencia se dirige al intelecto. Se explica por ejemplo que el ser humano es un ser social, que no puede

---

2. Dhamma aquí se refiere a la ley de la naturaleza que rige en todo el universo, es decir, tanto en el mundo manifiesto como en el mundo no manifiesto. Para definiciones más completas, los términos seguidos de asterisco se encuentran en el glosario al final de la obra.

vivir sin los demás y que debe coexistir de buena forma con los miembros de su familia, con los miembros de la sociedad, o con quienes lo rodean cuando se trata de un monje o una monja. Si alguien realiza alguna acción, cualquiera que perturbe la paz y la armonía general, ¿Cómo podría esa persona disfrutar de paz y armonía? ¿Cómo podría vivir una vida armoniosa y apacible? Intelectualmente se puede comprender este discurso: si enciendo fuego cerca de mí voy a tener que soportar el calor; voy a padecerlo, porque yo lo he provocado. Es lógico. Y también hay otra explicación: si alguien tuviese la intención de matarte, si alguien te golpeara, no te gustaría, ¿no es así? Evidentemente responderás que no. La conclusión se impone: no deberías hacer a otros lo que no te gustaría que te hiciesen a ti. No deberías matar, no deberías cometer abuso sexual, no deberías robar, ni mentir ni engañar a nadie. No te gustaría sufrir estos actos, entonces no debes perpetrarlos, es un razonamiento evidentemente lógico. No debes pronunciar palabras que dañen a otro, ni actuar de manera que pueda herirlo. También esto lo comprendes. Así mismo, cuando tomas drogas y te conviertes en su esclavo, terminas por cometer acciones consideradas como nocivas. Por tanto, no hay que consumir drogas, lo comprendes perfectamente.

Estas cinco conductas éticas, estos cinco *sīla,*[3] parecen aceptables lógicamente, racionalmente, intelectualmente. Sin embargo, la mayoría de las personas no los respetan, no viven según una línea de conducta ética. Ni siquiera los que están convencidos de que deberían practicar *sīla*, de que una vida moral es buena para sí mismos y para los demás.

¿Por qué? El Buda lo comprendió: porque no somos dueños de nuestra mente. Un alcohólico sabe perfectamente que no debería beber, y sin embargo sucumbe. Un jugador sabe perfectamente que no debería jugar, pero cuando llega el

---

3. Las cinco conductas éticas son: abstenerse de matar, abstenerse de robar, abstenerse de toda conducta sexual inadecuada, abstenerse de mentir o de pronunciar palabras que hieran, y abstenerse de consumir intoxicantes (drogas, alcohol...).

momento cede a la tentación. Aunque se comprenda muy bien que estas acciones nos perjudican, las cometemos, porque no somos dueños de nuestra mente, porque nos hemos vuelto esclavos de nuestros condicionamientos mentales.

Esa es la razón por la que el Buda enseñó la segunda parte del Dhamma: *samādhi*, la práctica de la concentración, el dominio de la mente. Aquí también trataremos de discernir cuál es la diferencia de su enseñanza con la de todos los demás maestros que también enseñaban el *samādhi*. Él enseñó en un nivel mucho más profundo. Para comprender qué quiere decir esto, asumamos que hemos practicado el *samādhi*, que hemos desarrollado la capacidad de controlar y de dirigir conscientemente nuestros procesos mentales, y que, por tanto, hemos adquirido suficiente autocontrol como para no cometer ninguna acción que destruya la paz y la armonía de otros, es decir, vivimos una vida moral, una vida de *sīla*.

Muy bien; pero si en lo más profundo de la mente quedan impurezas, impulsos de realizar actos negativos, que son como volcanes dormidos (*anusayakilesa*), puede que alguno de ellos entre en erupción en cualquier momento sin que podamos prevenir esta explosión. Seguimos, pues, dominados por estas impurezas, y, así, en un momento u otro continuaremos cometiendo actos negativos.

El Buda llevó a la práctica esta verdad, la experimentó. Antes de convertirse en Buda, ya practicaba los ocho *jhāna*, los ocho estados meditativos de absorción al nivel más elevado, el nivel supramundano, y los *lokiyajhāna*, los estados meditativos de absorción menos elevados, a nivel mundano[4]; pero él sabía que esto no era suficiente, que aún no se había liberado, que la iluminación no estaba completa porque en el nivel inconsciente de su mente quedaban algunas impurezas. Y, mientras no fueran erradicadas, no podría convertirse en un ser liberado.

Entonces trabajó en la tercera parte del Camino: *paññā*, la disciplina de la sabiduría, el desarrollo de la visión penetrante

4. Este punto es profundizado el Segundo día, pág. 23.

sobre nuestra propia naturaleza, la purificación de la mente en su nivel más profundo. Aquí también encontramos la particularidad del Buda. El *paññā* que él enseñó es diferente al de los otros maestros espirituales. Ciertamente, si recorremos el vasto campo de la espiritualidad india, encontramos múltiples maestros que afirmaban, como él: desarrolla *paññā*, libera tu mente de la avidez (*lobha*); libérate de la aversión (*dosa*); libérate de la ignorancia (*avijja*). Esta no fue una contribución única del Buda. Sin embargo, si profundizamos en lo que propuso, su aportación se revela incomparable.

Antes de él, se sabía cómo purificar la mente en la superficie, y a un nivel un poco más profundo, pero no se disponía de ningún medio para purificar el nivel más profundo, el nivel de las raíces de las impurezas. El Buda descubrió este medio, descubrió cómo arrancar las raíces de las impurezas y porque deben ser arrancadas. Mientras permanezcan allí, nacimiento tras nacimiento, no dejaremos de padecer el sufrimiento, no podremos salir de él. Podremos renacer, vida tras vida, en niveles más elevados, en planos de existencia brahmánicos materiales (*rūpabrahma*) o no materiales (*arūpabrahma*),[5] y sin embargo no dejaremos de tener un nuevo nacimiento. Mientras existan estas raíces - los *anusayakilesa*, las impurezas que son las semillas del renacimiento, los *bhava saṅkhāra*, que son los impulsos del devenir, los *saṅkhāra*, condicionamientos mentales que inducen un nacimiento tras otro- no podremos deshacernos del sufrimiento. El Buda realizó esta verdad.

A nivel teórico, su enseñanza es la misma que la de todos los demás maestros espirituales -conducta ética, concentración, sabiduría (*sīla, samādhi, paññā*)-: realiza buenas acciones,

5. Las enseñanzas del Buda indican que el mundo manifiesto está constituido de varios planos de existencia. En ciertos planos, los seres que allí viven tienen una forma material (por ejemplo, los planos de existencia brahmánicos materiales, el plano de la existencia humana); en otro plano más elevado, el estado de existencia no tiene soporte material, no hay más que la mente pura (ej: los planos de existencia brahmánicos inmateriales, *arūpabrahma*).

abstente de toda mala acción, purifica tu mente. El Buda afirmaba que su enseñanza consistía simplemente en esto, que no había ninguna necesidad de agregar nada más. El Dhamma en su totalidad está contenido en estas palabras, y esta enseñanza es tan pura que nada puede quitársele ni nada puede agregársele. No contiene ningún rastro de impureza, nada que pueda ser calificado de imperfección. Pero la técnica que descubrió, la técnica de meditación Vipassanā, que permite purificar totalmente la mente, es original. Hoy en día se enseña durante cursos de meditación de diez días por todo el mundo. Los habitantes de más de cien países ya la han probado. Grandes intelectuales la han experimentado: pensadores, sabios, ingenieros, doctores, psiquiatras la utilizan. Creyentes y practicantes de diferentes religiones del mundo, hindúes, cristianos, musulmanes, jainas, budistas por supuesto, judíos, persas, sikhs, vienen a aprenderla. Y ninguno de ellos ha encontrado jamás nada discutible. La enseñanza está completa si practicas *sīla*, *samādhi* y *paññā*, no hay nada más que agregar.[6] Y es tan pura que no hay nada que pueda ser suprimido.

Si creamos una secta en torno a las enseñanzas del Buda, si desarrollamos una fe ciega hacia esta enseñanza, si la convertimos en un objeto de culto o una filosofía, empezarán a aparecer las dificultades. El Buda enseña el Dhamma, no funda ninguna religión. Eso no le interesa, como tampoco le interesa crear una secta a su alrededor. Es un ser puro, sin mancha. Son sus palabras las que importan, pues constituyen una gran fuente de inspiración para quien las lee y practica Vipassanā. "No me interesa hacer de ustedes mis discípulos, explicaba. No me interesa apartarlos de sus viejos maestros espirituales. Su objetivo es encontrar una salida al sufrimiento, y yo estoy aquí para ayudarlos a alcanzar esa meta.

Todo el mundo quiere salir del sufrimiento. Tengo una técnica para eso: ¡probádla! Sólo os pido que le dediquéis

---

6. La práctica de *sīla, samādhi* y *paññā*, tal como el Buda las redescubrió, constituye la práctica de Vipassanā.

algunos días de vuestra vida." Esa es la manera de enseñar del Buda, con total desapego. Poco le importa que miles de personas en el mundo empiecen a llamarse budistas. Ese no es el fin de su enseñanza. Pero si se ponen a practicar *sīla*, *samādhi* y *paññā*, entonces sí, su enseñanza habrá comenzado a dar frutos. Si uno se llama budista, pero no practica ni *sīla*, ni *samādhi*, ni *paññā*, ¿qué beneficio habrá obtenido de las palabras del Buda? Por el contrario, uno puede practicar *sīla, samādhi* y *paññā* sin ser budista, y obtener los mismos resultados: salir del sufrimiento. De casta brahmán, Mogallāna[7] conservó su nombre, incluso después de haberse convertido en budista; y el Buda tampoco rebautizó a Kassapa, igualmente de casta brahmán, después de que adoptaran su enseñanza. Jugar a juegos devocionales o intelectuales en el nombre del Dhamma no lleva a nada. Experimentar el Dhamma por sí mismo es lo que da resultados. Esto es lo que hace falta y esta es la contribución específica del Buda. Los otros maestros solo predicaban: vive una vida beneficiosa, una vida de *sīla*, controla y purifica tu mente, sé desapegado, libre de avidez, libre de aversión. Pero no había nadie que dijera cómo liberarse de la avidez, de la aversión, cómo purificar la mente en el nivel más profundo. Esto es lo que el Buda nos transmitió.

En un nivel superficial, la enseñanza del Buda parece muy simple. Pero en un nivel más profundo es verdaderamente difícil. Practicar el Dhamma demanda un intenso trabajo. Escuchar sermones, leer las escrituras, está muy bien, no pretendo contradecirlo. Escuchar conferencias sobre el Dhamma está muy bien también. O incluso hablar sobre el Dhamma. Todo esto es maravilloso, ¡muy bien! Pero si no haces nada más que escuchar y debatir sin practicar, te volverás peor que antes. Al comienzo sí, debes escuchar; pero luego tienes que poner en práctica lo que has comprendido. Si no avanzas en la práctica del Dhamma, no probarás sus frutos. El Buda enseña el Dhamma, que es la ley

7. Mogallāna y Kassapa fueron, junto con Sāriputta, los tres discípulos principales del Buda.

de la Naturaleza, aplicable a todos, en un lenguaje simple. Lo volvemos complicado cuando hacemos de eso una filosofía; y si, como solemos hacer, en lugar de practicarlo nos ponemos a pelear: mi creencia es la verdadera, la tuya es errónea; mi creencia es correcta, la tuya no. ¿Qué ganaremos con esto? Si mi creencia es correcta y no la practico, ¿de qué me sirve? Todo eso no son más que juegos intelectuales.

Yo nací aquí, en Birmania, en la tierra del Dhamma.[8] Estoy muy agradecido y feliz por haber visto la luz del día en esta tierra donde más del 80% de las personas no creen en la existencia del alma, ni en la de un Dios creador todopoderoso. Desde hace más de veinte años vivo en la India y viajo por el mundo, donde más del 80% de las personas creen en la existencia del alma y de un Dios que ha creado el universo. Antes, yo mismo sostenía discusiones sobre estas creencias y jugaba a estos juegos intelectuales. Eso era antes de conocer las enseñanzas del Buda, es decir, antes de conocer a Sayagyi U Ba Khin[9] y de que me enseñara el Dhamma, y empezara a practicar. Yo jugaba así, haciendo malabares con los argumentos filosóficos, participando en los debates: "existe el alma", "no, no existe" ... Hay mil y un argumentos a favor de la existencia del alma y hay mil en su contra. Hay mil argumentos a favor de un Dios creador y hay mil y uno en su contra. ¿A dónde nos llevan estas discusiones y debates? A ninguna parte.

Cuando practicas el Dhamma, experimentas tú mismo que los fenómenos de la existencia no son más que la interacción de la mente y la materia. Eso que a nivel aparente parece ser tan sólido, revela no serlo cuando lo observas atentamente,

---

8. En Birmania (o Myanmar) la técnica de Vipassanā, tal como la enseñó el Buda, fue conservada durante siglos en su pureza original, por una cadena ininterrumpida de maestros y discípulos, mientras que en el resto del mundo había desaparecido.

9. Sayagyi U Ba Khin (1899-1971) enseñó a S. N. Goenka la técnica de meditación Vipassanā en 1955. Para más elementos biográficos sobre la línea de maestros de Vipassanā, ver la reseña al final de la obra.

como el Buda quería que observáramos, como el Dhamma quiere que observemos, como la ley natural quiere que observemos. Esta solidez se disuelve, se divide, se desintegra, para aparecer sólo como vibraciones. El universo entero no es más que combustión y vibraciones:

El mundo entero se hace humo El mundo entero arde
El mundo entero está en vibración.

Sabbo loko dhūpito Sabbo pajalito loko,
Sabbo loko pakampito.[10]

Este descubrimiento extraordinario fue el aporte del Buda a la humanidad: todo parece sólido, pero se trata solamente de una verdad aparente. La verdad profunda es que la materia y la mente no son más que vibraciones. Pero esta verdad debe ser vivida; debe ser sentida. Si no lo experimentas por ti mismo y lo conviertes en una filosofía: "mirad, no hay alma (*attā*), sólo hay vibraciones", ¿cómo podría esto ayudarte?

Si, por el contrario, experimentas por ti mismo que la mente no es más que un flujo de vibraciones, constatarás entonces que tu ego[11] se disuelve, te deshaces de él, te liberas. Y descubres *anattā*, el no-yo; descubres que no existe un "yo" real, ningún ser sustancial permanente. Por más que afirmes que "no existe el alma", si tú mismo estás siempre lleno de ego, no habrás aprendido nada del Buda. Pero si constatas que tu ego se disuelve, habrás comprendido por medio de tu experiencia personal que no existe el alma eterna, sino solamente una interacción entre la mente y la materia, sólo vibraciones. Cuando tratemos el tercer aspecto de la enseñanza, *paññā*, el desarrollo de la sabiduría, comprenderás cómo el Buda nos conduce al estado en el que, a través de la comprensión que surge de nuestra propia experiencia,

10. Therigāthā, verso 200, *"Saṃyutta Nikāya"*, *Sutta Piṭaka, Tipiṭaka.*

11. El ego designa a la identificación del individuo con un "yo" sustancial y que generalmente es percibido como un alma eterna. El individuo genera entonces un inmenso apego a este "yo".

el ego se disuelve naturalmente.[12] No se trata de un juego intelectual, ni de un juego emocional, ni de una creencia ciega. No es tampoco un dogma, ni un culto, ni una filosofía. Es la verdad, la verdad que todos pueden experimentar, sean cristianos o musulmanes, hindúes o jainas, birmanos o americanos, rusos o chinos. La ley de la naturaleza es la ley de la naturaleza, es aplicable a todos.

Tal fue el descubrimiento del Buda. Algunos continuaron discutiendo, afirmando no estar de acuerdo; otros, empezaron a aceptarlo. Él Buda simplemente descubrió algo para el bien de todos y lo distribuyó a la gente. Si alguien no lo aceptaba, él Buda no tenía nada que perder. Él estaba ahí para decir la verdad a la gente. Poco a poco, la gente empezó a aceptarlo. Pero de nuevo, si hacemos una filosofía o un culto de esto, empezaremos a polemizar y el Dhamma puro se pierde, la esencia del Dhamma se pierde, esto no es correcto, Los hechos son los hechos. La Tierra es redonda y gira sobre su propio eje. Que algunos lo crean y otros no, no cambia ese hecho. La Tierra era redonda antes de que Galileo lo descubriera, era redonda en la época de Galileo, y lo sigue siendo después de él. Y lo mismo ocurre, con la gravitación universal y Newton, con la relatividad y Einstein, y con la cadena del origen condicionado (*paṭicca-samuppāda*[13]) que el Buda experimentó: esta ley existía antes que él, existió en su época, y todavía existe hoy; porque, al igual que la gravitación universal y la relatividad, es una ley de la naturaleza, por muchas protestas que se desencadenen.

La ignorancia (*avijja*) hace que no sepamos nada acerca de lo que ocurre en el cuerpo. A cada instante, una sensación (*vedanā*) nueva lo atraviesa, y nosotros no tenemos conciencia más que de una ínfima parte de todas ellas. Allí donde hay vida hay una sensación. Cuando uno de nuestros

---

12. Ver Tercer día.

13. Se trata del proceso descrito por el Buda, que comienza con la ignorancia y por el cual no cesamos de crear vidas de sufrimiento sucesivas. Ver Paṭicca Samuppadā, *"Saṃyutta Nikāya", Sutta Piṭaka, Tipiṭaka.*

seis sentidos entra en contacto con su respectivo objeto - el ojo con el objeto de la visión, el oído con un sonido, la nariz con un olor, la lengua con un sabor, el cuerpo con algún objeto tangible, la mente con una de las formas de nuestros pensamientos (emoción, imaginación, idea, recuerdo)-, se produce una sensación. Mientras nuestros sentidos funcionen, el contacto es inevitable, en cada momento. Ahora bien, si uno no es capaz de percibir estas sensaciones, ¿Cómo puede comprender que la sensación origina avidez? Se trata aquí de una ley, la ley del Dhamma, eterno. Era verdad antes que el Buda, lo era igualmente durante su vida, y sigue siendo verdad hoy día.

Esté presente o no un Buda, esta ley de la naturaleza sigue siendo universal. Gracias a sus esfuerzos, el Buda la descubrió y la utilizó para su propia liberación antes de compartirla con los demás, con toda su compasión: "¿Sabéis vosotros por qué sufrís? Porque las sensaciones originan avidez. Voy a daros un medio para liberaros del sufrimiento. Cada vez que se produce una sensación, *vedanā*, la sabiduría, *paññā*, la visión penetrante de la naturaleza debe prevalecer: deben observar la sensación. ¡Oh! Impermanencia, impermanencia, *anicca, anicca*, esta sensación o esta otra, todas son impermanentes. Experimenta esta impermanencia, observa: ¿aparece una sensación? Tarde o temprano desaparecerá. Por más desagradable que pueda ser, desaparecerá; por más agradable que sea, desaparecerá. No es eterna, aparece y desaparece invariablemente. Lo repito, si esta sabiduría se transforma en una filosofía, si afirmas: "las sensaciones son impermanentes", no obtendrás nada, te quedarás en el punto de vista teórico. Pero si percibes esta impermanencia, si la observas y la experimentas, entonces, aun cuando una sensación aparezca, ya no sentirás avidez.

Aparición-desaparición, aparición-desaparición,
Él observa el fenómeno de la aparición
Él observa el fenómeno de la desaparición.

Udaya-vaya, udaya-vaya,
Samudaya dhammānupassī viharati.
Vayadhammānupassī viharati.[14]

Tal fue la contribución del Buda, llevó a las personas a este nivel de profundidad. Comprended esta ley: no existe un instante en que no aparezca una sensación; en cada parte del cuerpo, aparecen las sensaciones. Están sometidas al cambio, aparecen para luego desaparecer, sin embargo, a causa de la ignorancia, porque no se tiene conciencia de esta impermanencia, no se deja de reaccionar ante ellas. Si son agradables, reaccionamos con avidez (*lobha*), si son desagradables, reaccionamos con aversión (*dosa*). Así lo hemos hecho durante toda la vida, creando sufrimiento tras sufrimiento, sin dejar nunca de multiplicarlo.

¡Mira! Hay un medio para salir de este sufrimiento, una técnica que nos conduce a un estado en que:

Con el cese de las reacciones a las sensaciones, cesa la avidez,
Con el cese de la avidez, cesa el sufrimiento.

Vedanā nirodhā, taṇhā nirodho,
Tanhā nirodhā, dukkha nirodho.[15]

Existe un camino, una práctica, una técnica para salir del sufrimiento. Y fue gracias a la grandeza del Buda como fue descubierta y conocida. No se conformó únicamente con dar sermones. Si se hubiera limitado a eso, no habría sido un Buda, sino simplemente un gran intelectual: habría defendido su filosofía contra las demás. Habría sido uno entre tantos. Pero no era simplemente un intelectual. ¡Oh, no! Era alguien pragmático, en busca de resultados tangibles. Alcanzó la iluminación porque practicaba. Y permitidme deciros

14. Mahāsatipaṭṭhāna Sutta, "*Digha Nikāya*", *Sutta Piṭaka, Tipiṭaka.*
15. Paṭicca Samuppāda, "*Saṃyutta Nikāya*", *Sutta Piṭaka, Tipiṭaka.*

una cosa. Yo nací en una familia hindú muy estricta donde se transmiten todas las enseñanzas de la India, el *Bhaghavad- Gita*, los *Upanishad*, los *Veda,*[16] etc. Cuando fui a buscar a Sayagyi U Ba Khin –¡le estoy tan agradecido a "mi padre en el Dhamma"! –, él me dio una nueva vida: el cuarto día, el quinto día cerca de él, mi caparazón de ignorancia se quebró y eso me permitió ver profundamente que el cuerpo entero es una masa de partículas subatómicas,[17] que no dejan de surgir y desaparecer, sin interrupción. Entonces comprendí que esta verdad era lo que buscaba.

En todas las escrituras, *Bhaghavad-Gita*, *Veda*, *Upanishad*, encontramos la misma enseñanza: libérate de la aversión, sal de la avidez. ¿Pero *cómo* liberarse de la avidez, *cómo* salir de la aversión? Ninguno de estos textos responde a esta pregunta. La abordan sólo desde el ángulo intelectual, y esto no me era de gran ayuda. La pregunta siempre permanecía. Y fue entonces cuando alguien me mostró un camino a través del cual era posible explorar esta enseñanza hasta el nivel más profundo, y no sólo intelectualmente. Esta vía permite observar que la avidez y la aversión se manifiestan en lo más profundo de la mente, observar la interacción de la mente y la materia, las corrientes, las contracorrientes, las corrientes subyacentes que aparecen sin cesar en nuestro cuerpo. Cuando Sayagyi U Ba Khin me hizo ver esto, ¡yo le estuve sumamente agradecido! Es esta dimensión lo que me atrajo. La enseñanza del Buda me atrajo por la orientación práctica que tiene. Si se hubiera tratado sólo de ejercicios intelectuales, yo no habría seguido este camino, habría asentido simplemente: "muy bien, muy bien, nuestro *Gita*

---

16. Los *Veda* son textos sagrados entre los más antiguos de la India. Los *Upanishad* son tratados cortos y especulativos que pertenecen a los Veda.

17. Las partículas subatómicas son más pequeñas que el átomo, de las que el meditador experimentado puede sentir su aparición y desaparición muy rápido en la estructura del cuerpo. Esta noción es desarrollada en la conferencia del Tercer día. Ver también Tercer día.

y nuestros *Upanishad* dicen lo mismo", y esto no habría cambiado nada para mí.

Pero me fue dada una técnica: así es como puedes salir de la avidez, así es como puedes salir de la aversión. Y me di cuenta de que era muy eficaz. Yo era alguien muy irritable, ¡tenía un ego muy grande! En cuanto comencé a poner en práctica esta técnica las impurezas comenzaron a disolverse en la superficie, pero también en un nivel profundo de la mente. Tuve mucha suerte de haber nacido en esta magnífica tierra del Dhamma.[18] Cuando todavía era un hombre de negocios y no había descubierto ni practicado la técnica de Vipassanā, tenía la costumbre de entablar discusiones sobre espiritualidad y cuestiones religiosas con las personas que conocía en mis viajes a través del mundo. Sentía una gran atracción por estas cosas desde la infancia. Pero después de haber recibido este maravilloso Dhamma, lo he transmitido en diferentes países y he constatado que, en ninguna parte, ni siquiera en los países donde los habitantes pretenden ser budistas, la técnica descubierta por el Buda ha sido mantenida en un estado tan puro como aquí.

Vipassanā, tal como debe ser practicada, ha sido conservada aquí en su perfección original. Y tuve mucha suerte de haber conocido a alguien como U Ba Khin, lleno de compasión hacia mí, y tan puro, que no esperaba nada a cambio de su enseñanza. El no pretendía convertirme en budista. "Sé un adepto de *sīla*, de *samādhi*, de *paññā*, y estaré contento", decía. Es la única cosa que le interesaba.

Vosotros también tenéis mucha suerte, algunas muy buenas acciones del pasado han hecho que nacierais en este país. Porque gracias a esto, habéis descubierto el Dhamma. Ahora, lo más importante es que practiquéis. Si aceptáis el Dhamma únicamente a nivel devocional: "¡Oh, la enseñanza del Buda es tan maravillosa, tan maravillosa!", no

18. Myanmar, allí donde fue conservada durante siglos, la técnica de Vipassanā en su pureza original, tal como la enseñó el Buda, mientras que en el resto del mundo había desaparecido.

ganaréis nada, excepto algunos pocos méritos (*parāmī*).[19] Si lo intelectualizáis: "¡la enseñanza del Buda es tan racional, tan lógica, tan científica!", tampoco ganaréis nada. Hay que practicar. Es la experiencia misma del Dhamma lo que el Buda enseñó. Fue con esta intención con la que pronunció los sermones.

> Que todos vosotros podáis tomaros el tiempo
> de degustar el Dhamma, de experimentarlo.
> Que todos vosotros podáis salir del sufrimiento.
> Que todos vosotros podáis disfrutar de verdadera
> paz, verdadera armonía, verdadera felicidad.

Preguntas y respuestas

Pregunta: Viniendo de una familia hindú ortodoxa, ¿qué lo llevó a practicar el Dhamma en el centro de U Ba Khin?

S. N. Goenka: Es verdad que vengo de una familia hindú muy ortodoxa, y en cierta medida, yo predicaba los *Upanishad* en mis conferencias. Y como ellos, yo recomendaba: "Sal de la avidez, sal de la aversión." Pero a veces, cuando llegaba a casa, con la cabeza hundida en mi almohada, no podía parar de llorar. Hablaba de salir de la avidez y de la aversión, pero había tanta avidez, tanta aversión, tanta ira en mí, tenía un ego tan grande... felizmente, el azar hizo que conociera a Sayagyi U Ba Khin, y él me mostró un camino práctico. No eran sólo palabras, U Ba Khin no se conformaba con dar consejos a las personas: "No hagas esto, no hagas aquello." No tener deseo o avidez, no sentir aversión, es muy fácil dar sermones sobre este tema. Pero nunca se dice cómo lograrlo. U Ba Khin me condujo hasta un estado donde fui capaz de sentir y de observar mis sensaciones y me dijo: "Si encuentras

19. Según la ley del Karma, toda acción tendrá en el futuro un efecto, del cual aquella es la causa; en consecuencia, una acción benéfica producirá en el futuro un efecto benéfico para quien la realizó.

agradable la sensación, generas avidez; si la encuentras desagradable, generas aversión. Limítate a observar, no hagas nada más; no hagas nada más que observar y cambiarás el comportamiento habitual de tu mente." Así fue como me condujo hacia el camino del Buda. Este camino me pareció pragmático y concreto. Porque se obtienen resultados gracias a él, y además se obtienen aquí y ahora.

P.: ¿Puede explicar cómo es que observando las vibraciones que constituyen la materia se puede observar la disolución del ego?

G.: Volveremos sobre esto más tarde de manera más precisa.[20] Veremos cómo toda la técnica de Vipassanā, mediante la observación de las sensaciones, nos ayuda a salir del sufrimiento. La raíz de todo sufrimiento es el ego: mientras el ego esté presente y el apego al mismo esté ahí, habrá avidez y habrá aversión.

P.: Si el budismo no es una religión, ¿es un modo de vida?

G.: Sí. La palabra "religión" tiene hoy una connotación particular, hace referencia a ritos, ceremonias, fiestas, etc. Si vemos la enseñanza del Buda solamente de esta manera, significa que no la hemos comprendido bien. Lo que enseña el Buda es el Dhamma:

> *Lo que enseña son las características del Dhamma*
> *Todo lo que enseña es el Dhamma.*
>
> *Attano lakkhaṇaṃdhāreti dhamma.*
> *Attano sabhāva dhāreti dhamma.*[21]

El Dhamma es la ley de la naturaleza, una ley universal. La naturaleza de la ira, la naturaleza de la avidez es volvernos infelices, y eso revela la ley de la naturaleza. Si, como hizo el Buda, llegas a comprenderlo, empezarás a tener una vida

---

20. Ver Tercer día.

21. Sammohavinodani, "Vibhaṅga Aṭṭakathā", *Abhidhamma Piṭaka, Tipiṭaka.*

mejor, porque viviendo en armonía con esta ley, saldrás del sufrimiento. Desde este punto de vista podemos decir que el budismo es un modo de vida, un código de conducta. Un modo de vida fácil de practicar, que nos enseña cómo vivir en paz y armonía con uno mismo y no generar más que paz y armonía para los demás.

P.: El cielo y el infierno, ¿son lugares a donde uno va según haya realizado buenas o malas acciones?

G.: Si te respondo que sí, vas a creer que sí. Si te respondo que no, vas a creer que no, o no vas a creer ninguna de las dos cosas. Las creencias no nos llevan a ninguna parte. Por eso insisto tanto sobre una recomendación en particular: experiméntalo. Cuando me encuentro en países donde la gente es más racional que aquí, y hablo del paraíso o del infierno, me preguntan: "¿Qué paraíso? ¿Qué infierno? Eso no existe, nosotros no creemos en ellos." Y yo me muestro de acuerdo: "Muy bien, no lo creas. El paraíso está en ti, el infierno está en ti." El Buda dice que todos los mundos o planos de existencia (*loka*), es decir, el universo entero está contenido en la estructura del cuerpo: cuando te enfadas hierves interiormente en el fuego del infierno; cuando generas benevolencia (*mettā*) o compasión (*karuṇā*), gozas interiormente la paz celestial. El infierno y el paraíso están en tu interior. Experiméntalo y luego acéptalo. Si no lo experimentas, no lo aceptes.

P.: ¿Cuál es la relación entre el budismo y la filosofía? ¿Qué tienen en común?

G.: (*Risa*) Para mí, el Buda no enseñó jamás una filosofía. "Filosofía", en la lengua del norte de la India que él hablaba, se decía *diṭṭhi* y el Buda condenaba todas las *diṭṭhi*. Lo que él enseñaba era *sammā diṭṭhi*, "el punto de vista correcto", lo cual significa la realidad que has experimentado tú mismo, la verdad realizada por ti mismo. Todo punto de vista que no has experimentado, por más verdadero que sea, es *diṭṭhi*: alguien lo ha expresado y tú lo crees, pero eso no te ayudará en nada para vivir una vida mejor. Pero si tú mismo lo experimentas, puedes adoptar este punto de vista y aplicarlo. Ésta es la enseñanza del Buda. Él enseña a vivir de acuerdo con la ley de la naturaleza, que es universal y que ordena no contaminar la mente. En cuanto la contaminas, generando ira, odio, malevolencia, animosidad, te sientes desdichado, la ley de la naturaleza te ha castigado. No hay ninguna diferencia si te consideras budista o no. Si no generas impurezas, si mantienes una mente pura, si generas benevolencia (*mettā*), compasión (*karuṇā*), si te regocijas con la felicidad del prójimo (*muditā*), si das muestras de ecuanimidad (*upekkhā*), la naturaleza te recompensa. Te sientes en paz, en armonía. Esa es la ley de la naturaleza, que rige igual para todos.

P.: ¿Cuáles son las contribuciones del Buda en relación a otras religiones?

G.: Prefiero subrayar lo particular de su enseñanza, una dimensión que no se encuentra en ninguna otra. Actualmente dirijo cursos de Vipassanā en el mundo entero, con personas de diferentes nacionalidades y religiones. No son budistas y yo no hago nada para que lo sean, pero practican Vipassanā porque constatan que hay algo único en la enseñanza del Buda, algo muy tangible que los ayuda a llevar una vida mejor. Cuando trabajan con esta técnica se produce un gran cambio en sus vidas. Cientos de cristianos vienen a estos cursos y me dicen: "usted enseña el cristianismo en nombre del Buda." Yo les sonrío: "Si quieres puedes decir eso. Yo enseño *sīla*, *samādhi*, *paññā*, y cuando los practicas, tienes beneficios. Esto es lo esencial, ¿no?" Vipassanā es una técnica eficaz y beneficiosa para quien la practica.

P.: Algunos extranjeros me han preguntado varias veces si yo creía en la reencarnación. ¿Qué se puede hacer para renacer como árbol?

G.: (*Risas*) ¿Qué puedo responder a una pregunta como ésta? Algunos creen en la reencarnación, otros no. Pero observa en ti que a cada momento se produce una reencarnación, a cada instante mueres y tiene lugar un nuevo nacimiento. Eso es la reencarnación. De momento a momento, obsérvalo. ¿Acaso me transformo en un árbol, totalmente ignorante? ¿Me vuelvo como un animal, lleno de miedo, de cólera, de odio? ¿Me vuelvo un ser humano? ¿Un *deva*, un dios? ¿Un *brahma*, un dios supremo? Debes observar y aceptar lo que has observado. La reencarnación tiene lugar en esta misma vida, aquí y ahora, en ti.

P.: Angulimala[22] no practicó *sīla*, *samādhi* y *paññā* pero de todas maneras se convirtió en un *arahant*, un ser Iluminado, totalmente liberado.

G.: ¡No, no, no! El Buda dice *ekāyano maggo*, "hay sólo un camino" para alcanzar la liberación: no puede haber otra manera. El Buda no colocó sus manos sobre la cabeza de Angulimala diciendo: "A pesar de todo, eres un *arahant*." No sucedió nada de eso. Angulimala tuvo que practicar para llegar a ese estado. ¡Había practicado durante muchísimas vidas en el pasado! En esta vida había tomado ciertamente un camino incorrecto, asesinando gente, pero había acumulado tantos méritos (*parāmī*) gracias a sus buenas acciones en vidas anteriores, que necesitó poco tiempo para convertirse en un *arahant*. Sin embargo, esto no le eximió de practicar, cada uno debe practicar para alcanzar la meta. No hay magia, no hay milagro que te conduzca a la meta final.

P.: Cuando estamos sentados con las piernas cruzadas para meditar, a veces nos duele. Algunos instructores aconsejan no prestar atención al dolor y concentrarse en la respiración, explicando que la conciencia del dolor produce aún más dolor. Otros, por el contrario, recomiendan esforzarse para ser conscientes de todo lo que sucede en el cuerpo y en la mente. En su opinión, ¿qué actitud es más eficaz?

22. Angulimala había matado a noventa y nueve personas antes de convertirse en discípulo del Buda, y llevaba los dedos de sus muertos en un collar; de ahí su nombre, que significa "collar de dedos".

G.: No estamos aquí para juzgar diferentes técnicas de Vipassanā. Lo que yo encuentro más eficaz, lo que me ha dado resultado, es lo que enseño y comparto, y mucha gente ha obtenido provecho de ello en su vida. En India, en Igatpuri, se comenzaron a realizar investigaciones sobres las palabras pronunciadas por el Buda, sobre sus sermones, sus conversaciones. De esta manera, una investigación sobre el *Tipiṭaka,*[23] asistida por un programa informático, ha permitido analizar si la enseñanza que practicamos, la que aprendí de Sayagyi, es compatible con las palabras del Buda o si se ha desviado con relación a él. Y cuanto más avanzamos en esta investigación, más constatamos que la práctica que enseñamos es completamente compatible con lo que dijo el Buda. Pero evidentemente, para llegar a esta conclusión, todos deben practicar.

Aunque constatéis por vosotros mismos que la investigación asistida por ordenador confirma la enseñanza de Vipassanā, eso no os ayudará; y si las escrituras también lo confirman, eso tampoco os ayudará: debéis experimentarlo vosotros mismos.

P.: El Buda enseñó el Dhamma para destruir el *attā*, el ego, el alma. Sin embargo, todos los que practican Vipassanā desde hace mucho tiempo conservan su ego.

G.: El Buda enseñó la erradicación de *attā*. Si alguien dice practicar Vipassanā tal como lo enseñó el Buda, y su ego se refuerza, es que hay algo que no va bien. Si se practica como el Buda enseñó, el ego debe disolverse poco a poco. No es magia, no hay ningún milagro. Alcanzar el estado final de disolución del ego toma mucho tiempo, pero una cierta disolución debe producirse en este camino. Este es el sentido profundo de la enseñanza del Buda y el resultado debe ser tangible.

---

23. El *Tipiṭaka*, o los Tres Cestos, es un compilado de todas las enseñanzas atribuidas al Buda. Está dividido en tres grandes partes: el *Vinaya Piṭaka*, el *Sutta Piṭaka*, y el *Abhidhamma Piṭaka*.

P.: ¿Pueden las Cuatro Verdades Sublimes[24] conducir al *Nibbāna*?

G.: Las Cuatro Verdades Sublimes: *mettā*, el amor desinteresado; *karuṇā*, la compasión; *muditā*, la alegría que se siente frente al bien ajeno; *upekkhā*, la ecuanimidad, son maravillosas. Pueden llevarte al octavo *jhāna*, el octavo estado meditativo de absorción. Pero si las modificas con la práctica de Vipassanā, entonces te conducirán al *Nibbāna*. *mettā*, *karuṇā*, *muditā*, *upekkhā*, las Cuatro Verdades Sublimes, existían antes del Buda; los ocho *jhāna* también, pero no eran más que *lokiya-jhāna*, la concentración a nivel mundano. Fue la contribución de Vipassanā lo que permitió los *lokuttarā-jhāna*, la concentración a nivel supramundano.[25] Y este fue el aporte del Buda.

P.: Usted ha enseñado Vipassanā en numerosos países. ¿Puede decir cuántas personas se han liberado?

G.: Todos se han liberado (*risas*). A cada momento, poco a poco, uno se libera. Si eres muy iracundo, a cada momento te vuelves un poco menos. Tienes cien toneladas sobre la cabeza - ¡la ira es muy pesada! - y te quitas una de encima, te has liberado un 1%; dos toneladas menos, y te has liberado un 2%. Todos los que practican la meditación Vipassanā se han liberado en la medida exacta en que practican.

P.: ¿Tiene usted la intención de seguir viniendo a Birmania?

G.: Me gusta venir a Birmania. Es mi lugar de nacimiento, inclusive de mi doble nacimiento: de la misma manera que

24. Las cuatro Verdades Sublimes designan las cuatro formas de amor que practicaba el Buda, en las cuales no se espera nada a cambio. No confundir con las Cuatro Nobles Verdades, que tratan del sufrimiento de la existencia.

25. Sólo los niveles de concentración de orden supramundano permiten sustraerse del mundo de la manifestación donde todo es impermanente, para alcanzar, más allá, el estado de *Nibbanā* donde todo es permanente.

un pájaro nace una primera vez cuando sale del vientre de su madre y una segunda vez cuando sale de su huevo. Mi madre me hizo nacer, y después, gracias a Sayagyi U Ba Khin, un nuevo Goenka salió del caparazón de la ignorancia y vio la luz del día. Este segundo nacimiento fue más importante, porque supuso mi nacimiento en el Dhamma.

P.: ¿Podría explicarnos en las conferencias siguientes cómo Vipassana ayuda a liberar del sufrimiento?

G.: Ciertamente. Eso es lo que vamos a abordar. Si Vipassanā no libera del sufrimiento, se vuelve un rito o una ceremonia más, y no sirve de nada. Esta técnica debe liberarnos del sufrimiento. En la medida en que trabajas, debes sacar provecho "aquí y ahora": *akāliko.* Es la enseñanza del Buda: *akāliko.* No se practica ahora para obtener beneficios después de la muerte. Es cierto que también tendrás beneficios después de la muerte, no hay duda al respecto. Pero es ahora cuando tienes que obtener algo, y es practicando como te darás cuenta de que Vipassanā es la única práctica capaz de ayudarte verdaderamente. Que todos vosotros podáis obtener los beneficios aquí y ahora. Así que, ¡a practicar!

Segundo día

Queridos amigos, ayer comenzamos a examinar cuál ha sido la contribución del Buda a la humanidad. En el paisaje espiritual de la India de su época, ciertas nociones de base del Dhamma, la conducta ética, *sīla*, la concentración mental, *samādhi*, y la sabiduría, *paññā*, eran ya conocidas. No se trata de nociones nuevas que el Iluminado haya dejado al mundo. Pero él les dio una significación particular, inédita hasta el momento.

En lo que concierne a la conducta ética, *sīla*, llevó a sus discípulos a practicarlo a niveles mucho más profundos que los enseñados por otros maestros espirituales. Para el desarrollo de la concentración mental, *samādhi*, él mismo se dedicó a eso cuando era todavía un Buda en potencia, un *Bodhisatta*.[26] Había sido iniciado en los siete estados meditativos de absorción mental, los siete primeros *jhāna*, por Āḷāra Kālāma, y en el octavo *jhāna* por Uddaka Rāmaputta,[27] antes de alcanzar la iluminación. Y continuó practicándolos toda su vida. Pero él fue más allá de este nivel de práctica de *samādhi* e introdujo la noción de concentración correcta, el *sammā samādhi*. Mientras que en el pasado se

---

26. En el *Tipiṭaka*, la compilación de las enseñanzas del Buda, se dice que durante una de sus vidas anteriores, Gautama el Buda hizo el voto ante el anterior Buda, Dipankara, de convertirse él mismo en un Buda. Dipankara le aseguró el éxito. Así, antes de convertirse en Gautama el Buda, acumuló durante muchas vidas (bajo formas humanas, animales, divinas...) en tanto que *Bodhisatta* (ser que se transformará en Buda, en sánscrito *Bodhisattva*), los méritos (*pāramī*) necesarios para alcanzar el estado de Buda.

27. Āḷāra Kālāma y Uddaka Rāmaputta eran dos maestros de meditación de buena reputación en la época del Buda.

practicaba solamente la concentración al nivel mundano, el *lokiya samādhi*, él la transformó en concentración de nivel supramundano, el *lokuttara samādhi.*[28] Este fue su aporte, y veremos hasta qué punto eso ha transformado la noción de *samādhi*. *Paññā*, la sabiduría, tampoco era una noción nueva para los contemporáneos del Buda. Pero aquí también aportó un nuevo elemento. *Paññā*, tal como se practicaba entonces, tenía dos formas: *suta-mayā paññā*, la "sabiduría escuchada", o aprendida de otro, por ejemplo, estudiando las escrituras; y *cinta-mayā paññā*, la comprensión intelectual, la sabiduría obtenida por medio del examen racional. El Buda les agregó *bhāvanā-mayā paññā*, la sabiduría obtenida por experiencia directa, que surge de nuestra propia realización de la verdad. Tomemos un ejemplo: imagínate que estás en un restaurante. Lees el menú y piensas: "mmm, esto parece estar bueno": es *suta-mayā paññā*; si observas que los demás clientes parecen disfrutar y deduces que la cocina es de calidad, es *cintā-mayā paññā*; pero sólo si pruebas los platos que te sirven puedes saber si es buena realmente. Y esto es *bhāvanā-mayā paññā*.

Entonces finalmente, ¿qué descubrimiento hizo el Buda? ¿En qué consiste su iluminación? "No mates, no robes, mantén una conducta sexual adecuada, no mientas, no pronuncies palabras hirientes, no consumas drogas": estos preceptos éticos no los inventó él. *Samādhi*, el desarrollo de la concentración, de la maestría de la mente tampoco, ya se conocían antes de él. La sabiduría, la comprensión de que todo es impermanente, que mente y materia son impermanentes (*anicca*); que todo lo impermanente es causa de sufrimiento (*dukkha*); que la mente no es "yo", o

28. El *lokiya samādhi* es un *samādhi* que puede resultar en renacimientos cada vez más elevados dentro de los treinta y un planos de existencia (o mundos) de la cosmología budista, incluso hasta el más elevado, pero que no permite trascender estos "mundos"; a diferencia del *lokuttara samādhi*, concentración dirigida no hacia objetos exteriores sino hacia el meditador mismo. Esta concentración que lleva más allá del universo manifestado permite alcanzar el estado de *Nibbāna*, la liberación total.

"mío", que la materia no es "mía" y que están desprovistas de un "yo" sustancial y eterno (*anattā*). Todo esto tampoco fue descubierto por el Buda.

En un pasaje de las Escrituras, el *Saṃyutta Nikāya,*[29] se cuenta que un no-meditador vino a buscar al Despierto y le pidió: "Dame la enseñanza para que pueda salir de mi sufrimiento". El Buda le hizo las siguientes preguntas:

"Este cuerpo y esta mente, ¿son permanentes o impermanentes, *nicca* o *anicca*?

- *Anicca.*
- ¿Son sufrimiento, *dukkha*?
- Sí, son *dukkha.*
- ¿Están desprovistos de un "yo" sustancial, *anattā*?
- Sí, son *anattā.*"

Comprended bien que se trataba de un no-meditador, alguien que no era discípulo de Buda, que no conocía su enseñanza.

El Buda le preguntó entonces:

"¿Crees que el cuerpo y la mente son *anicca, dukkha, anattā*?

- Sí, absolutamente, estoy de acuerdo, el cuerpo y la mente son *anicca, dukkha, anattā.*"

El Buda dijo entonces: "Ahora tú crees en la impermanencia. Sin embargo, esta creencia no te será de ninguna ayuda. Debes practicar la meditación Vipassanā, debes observar la impermanencia y sólo entonces comprenderás. A menos que experimentes *anicca*, estarás muy lejos de la liberación. No te quedes en un juego de creencias devocionales o emocionales, o en un juego intelectual." Esta fue la contribución del Buda: tú mismo debes experimentar la verdad. Evidentemente puedes conformarte con estar de acuerdo con lo que enseñó; tendrás entonces una gran confianza en lo que dice,

---

29. El *Saṃyutta Nikāya* es una colección de discursos célebres del Buda, ordenados según el tema abordado, que se encuentra en la segunda parte principal del *Tipiṭaka*, llamado *Sutta Piṭaka.*

una gran devoción hacia él, y esto te dará una muy buena disposición para tu próxima existencia, tu próximo *karma.*[30] Eso está bien, pero no llega más allá. Puede también que te lleve a niveles de existencia muy elevados, a planos divinos, planos brahmánicos.[31] Muy bien. Pero la liberación total, el *Nibbāna*, está muy lejos de todo eso, y el único medio para alcanzarla es experimentarlo personalmente. El Buda no puede liberarte. Sólo tú puedes hacerlo.

Este es un descubrimiento fundamental que hizo el Buda, y que ofreció a sus contemporáneos. En la India de esa época había un exagerado entusiasmo por la devoción, la veneración de tal o cual divinidad (*deva*), de tal o cual divinidad suprema (*Brahma*). Las personas hacían todo tipo de ritos y ceremonias para implorarles: "¡Oh! Deva, haz esto, haz aquello por mí". El Buda declaró: yo no puedo hacer nada por ustedes, cada uno debe liberarse a sí mismo, trabajar para su propia liberación.

> *Debes trabajar con ardor tú mismo para tu propio bien, el Iluminado no hace más que mostrar el camino.*
>
> *Tumhehi kiccaṃ ātabbaṃ akkhātāro tathāgatā.*[32]

No es correcto implorar al Buda para hacerle una petición, ésta no es su enseñanza. Un ser liberado, un *Tathāgata,*[33] no hace más que mostrar el camino, corresponde a cada uno hacer los esfuerzos necesarios para alcanzar la meta final.

---

30. *Karma*, en sánscrito (*kamma* en pali), significa acción, en particular una acción que tendrá un efecto en el devenir de su autor. *Karma* indica igualmente el estado de existencia futura como consecuencia de una acción pasada.

31. Ver Primer día, nota 6.

32. *Dhammapada*, verso 276, "Khuddaka Nikāya", *Sutta Piṭaka, Tipiṭaka.*

33. *Tathāgata*, uno de los epítetos más frecuentemente atribuido al Buda, y a menudo por el Buda mismo; en pāli significa literalmente "el que se ha ido", es decir, que ha dejado el mundo de la manifestación para alcanzar la liberación total.

¡Aquí reside la maravillosa contribución del Buda! Las personas en esa época estaban presas de la locura: ¿cómo se puede creer que tal o cual divinidad va a liberarme porque es mi preferida y la venero? El Buda indicó un camino correcto: debes trabajar. Y no puede ser de otra manera: si generas negatividad en tu mente sufrirás por su causa, la ley de la naturaleza es así.

No es el Buda quien te castiga, sufres porque así es la ley de la naturaleza. Si generas aversión, avidez o ignorancia, sufrirás ineludiblemente.[34] Inmediatamente, la naturaleza te castiga: te vuelves infeliz. Pero si sales de la aversión, de la avidez, de la ignorancia, las tres raíces del sufrimiento, te liberas; la naturaleza te recompensa, te sientes en paz, en armonía, feliz. Es la ley de la naturaleza, el Buda no tiene nada que ver.

Pero entonces ¿qué hace él? Muestra el camino: "Esta es la manera en que puedes liberarte del deseo, de la aversión, de la ignorancia."

Si no hacemos nada para salir de ello, no podemos pretender ser discípulos del Buda. Nos conformamos con tener fe en él y hacerlo objeto de nuestras creencias, con sentir mucho respeto hacia él, pero nada más. Tener fe, tener devoción es muy bueno. La devoción es la primera etapa en el camino del Dhamma. Sin ella no puedes avanzar en el camino del Dhamma. Pero si te quedas ahí, y no haces nada más, se vuelve estéril. No obtendrás ningún beneficio. El Buda quiere que trabajes y que experimentes tú mismo la verdad.

¿Cómo es que yo he sido atraído por el camino que él mostró? Nuestra mente está condicionada desde la más tierna infancia. En India, los hindúes están condicionados a pensar que todas las religiones y todas las sabidurías del mundo tienen su origen en los *Veda*. Yo también pensaba igual: todo viene de los *Veda*, así que la enseñanza del Buda

---

34. El Buda identifica la avidez, la aversión y la ignorancia como las tres raíces del sufrimiento, las causas primeras de todo sufrimiento.

viene de los *Veda*; ¿de qué me servirá ir tras Sayagyi U Ba Khin y aprender esta técnica, si yo tengo lo mismo en mis escrituras? Pero alguna buena acción del pasado, algún mérito acumulado en el pasado (*parāmī*)[35] me condujo hasta mi padre en el Dhamma, y siguiendo su enseñanza, vi con toda claridad que se trataba de Dhamma aplicado: todo lo que había aprendido, todo aquello sobre lo que había discutido y debatido, todo lo que yo había enseñado no era sino un juego intelectual, un juego devocional: "debes creer esto porque está escrito en el *Bhhaghavad-Gita*", "debes creerlo porque los *Veda* lo dicen, porque los *Upanishad* lo dicen", o "porque los *Agamas*[36] lo dicen". Pero nadie había puesto en práctica nada de todas esas escrituras. El Buda enseñó cómo practicar. Observa *sīla*: muy bien, todos dicen que hay que tener una conducta ética y lo voy a hacer para mi bien y por el bien de otros. Pero no puedo tener tal conducta si no domino mi mente. Por eso debo practicar la concentración mental, *samādhi*. En aquella época se practicaban muchos tipos de *samādhi*.[37] El Buda seleccionó cuarenta. Lo que yo aprendí de mi maestro es *ānāpāna*, "observar la respiración tal y como es". "Tal y como es": desde el comienzo comprendí que se trataba de algo nuevo. En la tradición en la que nací y fui educado, se practica la observación de la respiración, pero se la acompaña de una verbalización: cuando inhalas dices "so", cuando exhalas dices "*han*". "*so-han*", "*so-han*", u otras verbalizaciones como "*aum*", "*aum*". Si no se quieren utilizar palabras, se visualiza mentalmente la forma de un dios, una diosa, o de tal o cual persona santa por quien se

35. Según la ley del *Karma* descripta por el Buda, una buena acción origina méritos que en el futuro traerán beneficios a quien la realizó.

36. Antiguas escrituras de los jainas, redactadas en prakrito, cuyo estudio está reservado a los ascetas.

37. En la época del Buda y también en nuestros días existen numerosas técnicas de meditación para desarrollar la concentración mental, tomando como objeto de la concentración diferentes objetos visuales, o repitiendo palabras sagradas, mantras, etc.

tiene devoción. Después de haber fijado su imagen por un cierto tiempo, cierras los ojos, observas la respiración, y te representas esta imagen mentalmente. Enseguida vuelves a empezar, abres los ojos y fijas de nuevo la mirada en esta imagen a fin de refrescar la imagen mental que te representas con los ojos cerrados, luego los vuelves a cerrar y visualizas mentalmente la imagen al mismo tiempo que observas tu respiración. En esta práctica, la observación de la respiración estaba, pues, acompañada de la imaginación.

Pero mi maestro decía: "*Yathā-bhūta*", obsérvala "tal como es": sin verbalizaciones, sin visualizaciones, sin imaginación; la respiración *tal y como* es. No es un ejercicio de respiración." Antes yo había practicado *pranayama*, un ejercicio de regulación de la respiración cuyo fin es controlarla: respiras profundamente, luego dejas de respirar un momento, luego espiras de nuevo y dejas de respirar un momento. Yo conocía bien este ejercicio y por eso mi maestro me insistía: "nada de ejercicio, nada de respiración artificial, sino la observación de la respiración natural; no como quisieras que sea, sino tal y como es." Así, el Buda enseñó algo completamente nuevo: *yathā-bhūta*, inspiración natural, espiración natural.

Si la respiración es profunda, es profunda, si es suave, es suave. No interfieras con la naturaleza de la respiración. Déjala que haga su papel, el tuyo es observar. Solo observa, nada más.

> *Al hacer una inspiración profunda o larga sabes perfectamente: "Estoy haciendo una inspiración profunda o larga".*
>
> *Al hacer una inspiración superficial o corta sabes perfectamente: "Estoy haciendo una inspiración superficial o corta".*
>
> *Al hacer una espiración profunda o larga sabes perfectamente: "Estoy haciendo una espiración profunda o larga".*
>
> *Al hacer una espiración superficial o corta sabes perfectamente: "Estoy haciendo una espiración superficial o corta".*

Dīgham vā assasanto dīgham assasāmī ti pajānāti.
Dīgham vā passasanto dīgham passasāmī ti pajānāti.
Rassam vā assasanto rassam assasāmī ti pajānāti.
Rassam vā passasanto rassam passasāmī ti pajānāti.[38]

Eso era algo nuevo, nunca habíamos practicado de esta manera. ¿Por qué? Yo seguía cuestionándolo en mi mente. Y aún hoy, muchos de los que vienen a mis cursos de la misma tradición que yo, la cuestionan también: Goenkaji,[39] ¿por qué no permite la verbalización? Si repetimos "Rama, Rama, Rama[40]" o "*arahant, arahant, arahant*", la mente se concentrará muy fácilmente, si añadimos algo de imaginación la mente se concentra muy fácil, mientras que, si solo se observa la respiración, el proceso toma mucho tiempo, la mente no se concentra, sigue vagando. Por favor, permítanos utilizar algunas palabras, algunos mantras." Yo les explico que repitiendo "*Rama, Rama, Rama*" la práctica se volvería sectaria. Un musulmán no querrá repetir la palabra *Rama*, querrá decir *Allah, Allah, Allah* y un cristiano dirá yo no puedo pronunciar Allah, tengo que decir Dios, Dios, Dios. No será universal, y el Dhamma es universal. Es por eso por lo que se debe usar la respiración: la respiración no es hindú ni musulmana, ni jaina ni cristiana. La respiración es la respiración. Todos respiramos, desde que nacemos hasta que morimos. La respiración es un objeto común a todos los seres humanos, universalmente disponible. Y nosotros queremos ofrecer una técnica universal.

Pero el debate no se termina aquí, los estudiantes tienen otros argumentos. "De acuerdo, no usaremos ni "Rama", ni "Allah", ni "Dios", sólo diremos "uno" cuando inspiramos, y "dos" cuando espiramos: "uno, dos", ¡estas son palabras

38. Mahāsatipatthānasutta, "Digha Nikāya", *Sutta Piṭaka, Tipiṭaka.*

39. En hindi, el sufijo "ji" después de un nombre propio, indica respeto y afecto.

40. Rey verdadero o mítico de la India antigua, cuya vida y hazañas son relatadas en el Ramayana. Es considerado como séptimo avatar del dios Vishnu.

universales! O bien diremos "inspiro, espiro, inspiro, espiro." En efecto, es un buen argumento. Pero si continúas repitiendo una palabra cualquiera: "uno, dos", o "inspiro, espiro", hacemos de esto un mantra. La mente se concentra gracias a este mantra y entonces muy pronto dirás "inspiro" tanto cuando inspiras como cuando espiras. Repetirás el mantra "uno, dos" o "inspiro o espiro" y ya no estarás observando la respiración.

Por eso continué trabajando como mi maestro me recomendó: simplemente observa la respiración. Si es profunda, es profunda; si es superficial, es superficial. observa, sólo observa, nada más. No hagas nada más. Es así como comencé a obtener beneficios de esta práctica. El primer día empecé a sentir una sensación tangible[41] debajo de las aberturas de la nariz. Algunos de mis estudiantes las sienten el segundo día, otros el tercero. Cuando llega el tercer día, tal o cual sensación se manifiesta, algún *vedanā*, alguna sensación surge. Hay que observarla también. Nada más, no hagas nada más, solo observa. Toda la técnica consiste únicamente en observar, en permanecer como un testigo silencioso de la realidad tal y como es, y no tal como te gustaría que fuera, *yathā-bhūta, yathā-bhūta.*

¿Por qué el Buda quería que trabajáramos únicamente con la respiración? Él quería que concentráramos la mente con la respiración, en una pequeña zona debajo de la nariz.

Si nos concentramos sin interrupción en esta pequeña zona y nos limitamos a la observación de la realidad, de la mente y de la materia.[42] Sin verbalización, sin imaginación,

---

41. Las sensaciones que se manifiestan así son sensaciones físicas tangibles. Puede ser picor, calor, frío, dolor, etc., de lo más sutil a lo más evidente, de lo más desagradable a lo más agradable. Pueden variar de una persona a otra, o en una misma persona de un instante a otro. No importa la naturaleza de la sensación, el meditador debe concentrarse y observar.

42. Se trata de la realidad de las sensaciones o del flujo de la respiración que se manifiestan en este lugar, en oposición a objetos imaginarios o creados como son los mantras o visualizaciones, por ejemplo.

sin visualización: sólo la realidad tal y como es. Porque la respiración está ligada a la mente (*nāma*) y a la materia (*rūpa*), a las dos al mismo tiempo. Al principio te parecerá que la respiración está ligada sólo a *rūpa*, la materia, porque es una función física. La inspiración, la espiración, es el efecto de los pulmones que trabajan. Esto es verdad, pero cuando avanzas en el camino, cuando llegas al tercer o cuarto día de práctica, te queda muy claro que la respiración no es sólo una función física, sino que está en estrecha relación con la mente y está influenciada por nuestras impurezas mentales. Y justamente estamos aquí para ir a lo profundo de nuestra mente y erradicar estas impurezas, con este fin el Buda eligió la respiración natural como objeto de concentración. ¡Ciertamente no vamos a hacerlo sólo porque el Buda lo recomendó! Pero cuando se llega al segundo, tercero o cuarto día de esta práctica, el sentido de esa recomendación se hace evidente.

Tratemos de entender. Observas tu respiración, observas dos o tres respiraciones y la mente es escapa, vaga en sus pensamientos. La vuelves a traer, mantienes de nuevo la atención sobre otras dos o tres respiraciones, pero otra vez la mente empieza a vagar. Es normal, esto les pasa a todos los principiantes. Pero cuando la mente se concentra un poco y se estabiliza sobre la atención en la respiración, ésta se vuelve cada vez más y más corta, más y más sutil, más y más fina, es un fenómeno natural. En la medida que la mente se concentra, la respiración se vuelve muy sutil. Y de repente tu mente se vuelve a escapar, se pone a pensar en acontecimientos del pasado: "esto sucedió así, asá, esta persona me maltrató, fulano me insultó..." Entonces reaccionas ante este recuerdo, te enfadas, y al cabo de un tiempo te das cuenta de que tu respiración ya no es normal; se ha acelerado, se ha hecho más fuerte. Y luego cuando la ira desaparece –era solamente una ira mental–, la respiración recobra el ritmo normal. Si surge la pasión: la respiración ya no es normal. Si surge el miedo: la respiración ya no es normal. Cada vez que una negatividad aparece en la mente, la respiración pierde su regularidad...

Si añades una verbalización, una visualización, o si haces de ella un ejercicio de respiración, no podrás comprender esta realidad, la estrecha interdependencia entre la mente y la materia. Y esta es la verdad que el Buda enseñaba. Quería hacernos comprender cómo la mente influencia la materia, y cómo la materia influencia la mente. Toda esta influencia mutua debe ser comprendida a nivel de la experiencia. Lo repito una vez más: la enseñanza del Buda no es una enseñanza teórica, es resultado de la experiencia.

Sólo observando la respiración natural comprenderás que la respiración no sólo está relacionada con el cuerpo, con *rūpa*, sino también con la mente, y en particular con las impurezas de la mente. Esto se hace cada vez más evidente mediante la observación. El tercer o cuarto día, las personas comienzan a sentir sensaciones físicas tangibles debajo de los orificios de la nariz. Sensaciones naturales, no hay nada artificial en la enseñanza del Buda: debes observar la naturaleza tal y como es. La sensación se siente ahí, debajo de la nariz; puede ser una sensación de calor, de transpiración, una pulsación, una vibración, un cosquilleo...cualquier *vedanā* que surja, sea lo que sea, simplemente observa, no reacciones. Si hay picor, no empieces a rascarte, observa: "¿me pica? bien, veamos cuánto tiempo dura." Y continúas observando, observando, observando. El picor se hace cada vez más irritante... después desaparece. Ningún picor es eterno. Surge para desaparecer. Tarde o temprano termina siempre por desaparecer. Es lo mismo para todas las demás sensaciones, calor, frío, dolor: surgen para desaparecer. No hagas nada, simplemente observa este fenómeno, nada más. El viejo hábito de la mente es reaccionar, pero ahora estás cambiando el viejo patrón de la mente, no reaccionas, solo observas.

Cuando llegas al cuarto día, comienza la verdadera meditación Vipassanā. Mi maestro quería que observara hasta la parte más pequeña de mi cuerpo, trasladando mi atención desde la cabeza hasta las puntas de los dedos de los pies, y desde los dedos de los pies hasta la cima de la cabeza.

Haciendo esto uno se da cuenta de que, en cada parte del cuerpo, por pequeña que sea, hay una sensación u otra. Pueden ser *sukkhavedanā* (agradables) o *dukkhavedanā* (desagradables), o neutras, pero hay sensaciones por todas partes, allí donde hay vida hay sensaciones, es una ley de la naturaleza.

¿Qué es la vida? La vida está ahí cuando la mente, *nāma* está ahí; cuando la mente no está presente, el cuerpo está muerto, la materia está inanimada. Cuando la mente (*nāma*) y la materia (*rūpa*) están presentes, forzosamente hay sensaciones, porque la mente está siempre en contacto con el cuerpo (*phassa*), y es este contacto lo que produce la sensación. Por el contrario, donde no hay vida, como por ejemplo en las uñas, no hay sensaciones. Te puedes cortar las uñas o el pelo y no sientes ninguna sensación. Pero siempre que haya vida hay sensaciones. Un cadáver o la materia inanimada no pueden sentir ninguna sensación porque la mente ya no está presente.

Observad esta verdad. El Buda nos pide que observemos la verdad de las sensaciones en el cuerpo. Las sensaciones no son solamente fenómenos físicos que se manifiestan en nuestro cuerpo. Son físicas porque ocurren en el cuerpo, pero también están estrechamente relacionadas con la mente[43] y con las impurezas mentales. Empieza con la respiración, que está relacionada con la mente y la

43. *Vedanā* designa a la vez las sensaciones y la actividad mental cuya función es sentir sensaciones. Esto se explica por el hecho de que las sensaciones no tienen existencia para nosotros si no son sentidas por la mente. En efecto, el cuerpo por sí mismo no siente las sensaciones. Un cadáver también tiene sensaciones (toda la actividad bioquímica produce sensaciones), pero la mente no está ahí para sentirlas. Es sólo cuando esta parte particular de la mente funciona cuando se siente una sensación, y esta parte de la mente ha sido llamada *vedanā* por el Buda. Las sensaciones están también en relación estrecha con la mente y con las impurezas mentales: cada pensamiento, cada emoción, cada acto mental está acompañado de una sensación correspondiente en el cuerpo.

materia. Luego el paso siguiente consiste en observar las sensaciones[44] que también, están íntimamente ligadas con la mente. Sentimos las sensaciones en nuestro cuerpo, calor, transpiración, palpitación, pulsaciones, vibraciones, pesades, entumecimiento; están por todo el cuerpo. No es el cuerpo quien siente, un cuerpo sin vida no puede sentir nada. Percibimos la sensación porque *nāma*, la mente está ahí. Es *vedanā*, el proceso de la mente, lo que permite sentir,[45] lo que hace que la sensación sea una realidad para nosotros. Así pues, mente y materia están ambas implicadas cuando hablamos de sensación.

Por todas estas razones, un buen meditador de Vipassanā comprende que la observación no es un simple rito, sino el estudio analítico de una verdad científica: la realidad de la mente y la materia, así como su interacción. Un meditador que trabaja correctamente se da cuenta en seguida de que las sensaciones sentidas en una meditación profunda están en relación con las impurezas mentales. Cuando la ira se manifiesta, por ejemplo, no sólo la respiración pierde su ritmo normal, sino que aparecen tensiones, presiones, y se manifiesta en el cuerpo una sensación de calor. La aparición de la ira ha provocado una reacción bioquímica. Es la ley de la naturaleza. La mente y la materia están en relación tan estrecha que no podemos decir que las sensaciones sentidas en nuestro cuerpo son sólo sensaciones corporales. Están íntimamente ligadas a la mente, y es esta interdependencia lo que el Buda quería que comprendiésemos.

De esta manera, a medida que avanzamos en el camino, la particularidad de su enseñanza se vuelve más clara: observar la respiración de manera mecánica, hacer ejercicios de respiración, o de verbalización o visualización... todo esto existía antes del Buda y no es eso lo que él enseñó. Su contribución fue enseñarnos a observar, simplemente

44. Los principiantes comienzan por la observación de la sola respiración, no se les pide observar las sensaciones hasta el tercer día, y no al mismo tiempo que la respiración.

45. Ver nota 18 de este día.

observar, la respiración normal, sea profunda o superficial. Por otro lado, en la espiritualidad india no se había hablado jamás de *vedanā*, sensación, él fue el primero, y, aún hoy día, sigue siendo el único que ha hablado de eso.

Fue observando las sensaciones como encontró la iluminación, y entonces dijo: "no había oído hablar jamás de este tipo de Dhamma." ¿Por qué no había oído hablar nunca de este Dhamma? Los textos sagrados indios, jainas o brahmánicos hablaban de *dukkha*, sufrimiento, y afirmaban que la causa del sufrimiento es el deseo y la aversión, y que si uno se libera de la avidez y de la aversión, se libera de *dukkha*. ¿Por qué entonces el Buda nunca había oído hablar de este Dhamma? Era un príncipe, su padre le había hecho conocer filósofos y maestros que le enseñaron todas las filosofías de la India. Probablemente había leído todas las escrituras. Sin embargo, dijo que jamás había escuchado hablar de esta suerte de Dhamma, porque nadie entonces hablaba de sensaciones, nadie sabía que la sensación era un factor determinante para alcanzar la liberación. Él lo descubrió y alcanzó así la iluminación. Y este descubrimiento es la señal de una persona realmente iluminada. Gracias a ella, la cadena del origen condicionado (*paṭicca-samuppāda*)[46] se hizo evidente para el Buda.

Comprendedlo bien: los pensadores de la India de esa época e incluso ahora, sabían que existían las cinco "puertas de los sentidos", las cinco bases sensoriales: el ojo, el oído, la nariz, la lengua y la piel. Algunos reconocían incluso a la mente como una sexta "puerta". Sabían también que cada "puerta" deja entrar un tipo de objeto particular: la visión entra por el ojo, el sonido por el oído, el olor por la nariz, el sabor por la lengua, el tacto por el cuerpo, la emoción o el pensamiento por la mente. Y todos los pensadores respetables de la India recomendaban lo mismo: no te dejes arrastrar por los objetos de los sentidos, no reacciones ante ellos; no sientas por ellos ni avidez ni aversión. Todos antes que el Buda dijeron eso. ¿Cuál fue su contribución, entonces? Pues bien, según lo que afirmaban los pensadores de la India, uno reacciona al

46. Ver Primer día, nota 13.

objeto que provoca la sensación: un sonido llega a tu oído, puede ser agradable o desagradable, comienzas a disfrutar o no de él; cuando te gusta, reaccionas con avidez, cuando no te gusta reaccionas con aversión. Lo mismo se produce con una visión, un olor, un sabor, un contacto físico, o un pensamiento: te gusta o no te gusta, y entonces surgen la avidez o la aversión. Según estos pensadores, uno reacciona a tal o cual objeto exterior. El Buda comprendió que uno no reacciona al objeto exterior sino a la sensación misma:

Los seis sentidos originan un contacto.
El contacto origina la sensación.
La sensación origina la avidez.

Saḷāyatana-paccayā phasso.
Phassa-paccayā vedanā.
Vedanā-paccayā taṇhā.[47]

La avidez no se origina hasta que sientes una sensación. Un objeto exterior entra en contacto con una de las "puertas sensoriales", como el oído o el ojo; inmediatamente se produce una sensación. Y cuando se produce una sensación, la percepción (*saññā*), la parte de la mente que identifica y juzga lo que ha registrado la conciencia (*viññāṇa*), hace una evaluación: agradable o desagradable; es muy buena o muy mala, etc. Cuando *saññā* dice "muy buena", la sensación se hace muy agradable, y cuando dice "muy mala", la sensación se hace muy desagradable. Sólo entonces comienzas a reaccionar: "me gusta esto, me gusta cada vez más, cada vez más" y deseas prolongar esta experiencia; o: "no me gusta esto, no me gusta nada", y deseas interrumpirla. A un nivel superficial tienes la impresión de estar reaccionando a un objeto exterior: alguien te insultó, los insultos llegaron a tus oídos y reaccionas con odio. En un nivel superficial esta observación es correcta: reaccionas a los insultos o a los halagos. Pero el Buda fue más lejos: comprendió que no se reacciona a los insultos o a los halagos, sino a las sensaciones producidas

---

47. Paṭicca Samuppāda, "Saṃyutta Nikāya", *Sutta Piṭaka, Tipiṭaka.*

por estos. Tu reacción no comienza hasta que sientes una sensación. Es esto lo que jamás había escuchado el Buda, y es la razón por la cual constató: "nunca había oído hablar de esta clase de Dhamma."

El ojo de la sabiduría se ha abierto, porque ha experimentado el papel de la sensación y de la reacción que ella genera. Es en la sensación donde se encuentra la raíz del sufrimiento, y si no atacas su raíz no podrás llegar a la meta. Esto es lo que el Buda puso en práctica y lo que enseñó: obsérvate a ti mismo, es decir observa tu mente y tu cuerpo. A medida que profundices en tu observación, no encontrarás sino sensaciones, nada más que sensaciones, y notarás que una parte de tu mente continúa reaccionando: la parte de la mente llamada *viññāṇa*, conciencia, sólo conoce; la parte llamada *saññā*, percepción, reconoce y evalúa; la parte llamada *vedanā*, sensación, siente, pero la parte llamada *saṅkhāra*, reacción, reacciona, no deja de reaccionar.[48] Si la sensación es agradable la reacción se transforma en avidez, si la sensación es desagradable, se transforma en aversión.

Este hábito de la mente es lo que debemos cambiar y esto es lo que el Buda descubrió. Todos están de acuerdo en que hay que salir de la avidez y de la aversión. Cualquiera que desee seguir un camino espiritual, bien sea hinduista, jaina o sikh, quiere salir de la avidez y la aversión. ¿Pero cómo hacerlo? En un nivel superficial, parece fácil: podemos esforzarnos en tener siempre presente en nuestra mente que se trata de actos negativos, y que debemos evitarlos. De esta manera, tu intelecto se hace cada vez más puro, porque comprende esta necesidad. Pero el nivel más profundo de la mente, el inconsciente, tal como lo comprenden los occidentales, no escucha en absoluto al intelecto. Este puede decir lo que quiera, puede razonar como lo entienda, pero el

---

48. Se trata de los cuatro procesos mentales que conforman la mente, se llaman también agregados mentales. El primer proceso, la conciencia, es la parte receptiva de la mente; simplemente registra la aparición de un fenómeno que la percepción identifica o reconoce.

inconsciente no dejará de trabajar ciegamente: ante una cosa desagradable, reacciona con aversión y ante algo agradable, con avidez, sistemáticamente.

A esto el Buda le llamaba "impurezas latentes" (*anusayakilesa*). Y no se trata solamente de impurezas de una sola vida sino de las impurezas acumuladas durante numerosas vidas[49]: vida tras vida, has sentido sensaciones agradables o desagradables y has reaccionado. Así, el ciclo avidez, aversión, avidez, aversión, se ha vuelto una costumbre que se ha establecido de manera repetida durante muchas vidas. Y ¿pretendes rectificar simplemente la superficie de la mente, el intelecto? ¿Pero qué pasa con la mente profunda? Ciertamente puedes practicar los ocho estados meditativos de absorción mental (*jhāna*) que existen en India, y ellos sin duda purificarán tu mente en la superficie. Pero las impurezas que yacen en las profundidades de la mente quedarán intactas. Ninguna otra técnica de ayer o de hoy, permite alcanzar las profundidades de la mente. El nivel más profundo de la mente está constantemente en contacto con las sensaciones corporales y reacciona ante ellas sin cesar, día y noche. Y no lo sabemos porque somos ignorantes (*avijjā*) de lo que se produce en la estructura de nuestro cuerpo.

Las enseñanzas del Buda van siempre de lo burdo a lo sutil, esa es su belleza. El Buda comienza siempre por una verdad que podemos comprender fácilmente: explica la importancia de hacer donaciones, de llevar una conducta ética, etc., para luego conducirnos hacia el dominio de la verdadera liberación. Su enseñanza nos lleva hasta lo más profundo del ser y nos permite comprender la realidad en el nivel más profundo: cómo es que estamos tan locos como para perjudicarnos a nosotros mismos, cómo la ignorancia nos lleva a hacernos daño. Pues la verdad es que a cada instante nos hacemos daño. Evidentemente, protestamos: "Pero yo soy muy religioso, rezo todos los días, respeto los ritos escrupulosamente." Sin duda,

---

49. Según la enseñanza del Buda, mientras que el ser no está totalmente liberado, es prisionero de la "rueda del devenir" (*saṃsāra*), y así pasa de una vida a la otra.

esas son cosas buenas, no digo lo contrario, pero haciendo solo eso no nos liberamos, estamos muy lejos del estado de liberación, del *Nibbāna*. Debemos ir a las profundidades de la mente, allí donde se arraigan los hábitos de la avidez y la aversión. A menos que nos deshagamos de ellos, estaremos muy lejos de la liberación, verdaderamente lejos.

Esa es la enseñanza del Buda: profundiza. Él comienza por verdades inmediatas: el nacimiento es sufrimiento – ¿acaso los indios no eran capaces de comprenderlo? Por supuesto que sí. La vejez es sufrimiento - todo el mundo lo sabe. Partía de verdades que todos pueden comprender y después iba hacia verdades cada vez más sutiles.

> *Estar separado de algo muy agradable es un gran sufrimiento. Entrar en contacto con algo desagradable es un gran sufrimiento.*
>
> *Piyehi vippayogo dukkho*
> *Appiyehi sampayogo dukkho.*

¿Es este el aporte del Buda? Todo el mundo sabe eso. Incluso hoy en día todos lo comprenden.

> *Si deseamos algo que no obtenemos nos volvemos desdichados.*
>
> *Yaṃpicchaṃ na labhati taṃpi dukkhaṃ.*
>
> *Es tan simple. ¡Es evidente para todos y cada uno! Entonces el Buda hace su verdadera contribución y dice:*
>
> *El apego hacia los cinco khandha (agregados)*[50]
> *es sufrimiento. Saṃkhittena pañca upādānakkhandhā-dukkha.*[51]

---

50. La entidad del cuerpo (*rūpa*) y de la mente (*nāma*) están constituidos por cinco agregados, de los cuales uno es la materia y los otros cuatro son los agregados mentales llamados también "procesos mentales" (ver este día, nota 23). El ser que no ha realizado la característica de impermanencia de estos agregados desarrolla un apego considerable hacia ellos, porque se identifica con su cuerpo y con la mente como "yo" o "mío".

51. *Dammacakkappavattana Sutta*, "Saṃyutta Nikāya", Sutta

Sus pasos lo han conducido a la realidad más sutil que existe, y lo expresa en pocas palabras: tenemos un apego desmesurado hacia los cinco agregados que constituyen lo que llamamos "yo" o "mío". Y, a la inversa, estos cinco agregados son el resultado del apego (*upādāna*). *Upādāna* crea los cinco *khandha* y los cinco *khandha* crean *upādāna*: es el círculo vicioso del sufrimiento. El sufrimiento está ahí, en este círculo vicioso.[52] Tal fue la contribución del Buda. Todo lo demás ya había sido dicho antes que él por los maestros de la India.

Y si esta verdad la aceptamos intelectual o devocionalmente, porque el Buda lo dijo, y porque creemos en lo que el Buda dice. ¡Esto no sirve de nada! Experiméntalo tú mismo, y entonces será realmente tu sabiduría. Observa, observa estos cinco agregados, la mente y la materia, y sus interacciones: ¿qué es lo que se produce? ¿Cómo nace el sufrimiento? ¿Cómo nace la avidez?

¿Cómo nace la aversión? Si observas todo esto, la ignorancia desaparece. Pero mientras la ilusión y la ignorancia estén ahí, resulta imposible observar la realidad; puedes practicar juegos intelectuales o devocionales, pero no puedes observar la realidad tal y como es. Esa sensación que apareció como fruto del contacto entre la mente y la materia, tal vez es agradable; pero es impermanente. Puede que sea desagradable, pero es impermanente. Puede que sea neutra, pero es impermanente. ¿Por qué apegarse? ¿Por qué apegarse a un fenómeno tan efímero y tan impermanente? Observemos simplemente cuánto tiempo dura antes de desaparecer. Es así como cambias el hábito de producir avidez o aversión. Es así como comienzas a liberarte.

Este es el Dhamma aplicado, no el Dhamma teórico. El Dhamma teórico cualquiera puede transmitirlo: un Buda, un Rama, un Krishna, un Jesús, un Mahoma... No pretendo

Piṭaka, Tipiṭaka.

52. Se trata aquí de otra manera de describir la cadena del origen condicionado (*paṭicca-samuppāda*) que comienza con la ignorancia. Ver Primer día, nota 13.

negar sus enseñanzas, no estamos aquí para condenar a otros. Lo que queremos poner de relieve es la contribución del Buda, la enseñanza del aspecto práctico del Dhamma. Sin la dimensión experiencial del Dhamma, todo se convierte en un juego intelectual. Es verdad que escuchar o pronunciar discursos produce mucha satisfacción. El que pronuncia el discurso se dice a sí mismo: "Ah, explico el Dhamma perfectamente. Lo comprendo muy bien, soy muy sabio" y el que escucha se dice: "Hoy he comprendido el Dhamma, ¡La enseñanza del Buda es maravillosa!" Pero los dos se quedan en un mismo punto y no llegarán a nada. No llegarás a nada a menos que tú mismo experimentes la verdad. La sabiduría adquirida escuchando las palabras sabias de otro (*suta-mayā paññā*), o la sabiduría adquirida por el propio razonamiento intelectual (*cinta-mayā paññā*) son ciertamente muy útiles, no hay duda de ello. No critico la sabiduría que se adquiere escuchando a otros, es bueno escuchar palabras sobre el Dhamma.

El Buda hacía una distinción entre aquellos que no han escuchado la verdad y aquellos que la han escuchado, *asutavā* y *sutavā*. El *asutavā* es alguien verdaderamente ignorante que ni siquiera ha oído hablar sobre el Dhamma. El *sutavā* por lo menos ha escuchado hablar de él, y por esta razón está mucho más avanzado. Escuchar acerca del Dhamma está muy bien para obtener inspiración, es muy bueno para recibir guía. Pero hay que dar el siguiente paso. El ser humano es un ser racional, no es inteligente aceptar las cosas ciegamente, debe usar su materia gris, debe hacer uso de su razonamiento intelectual e intentar comprender incluso esto que ha dicho el mismo Buda, preguntarse si es verdadero, si es lógico, si es pragmático. Cuando recurres de esta manera a tu razonamiento intelectual para analizar si lo que se te dice es realmente verdadero y beneficioso, desarrollas esta suerte de sabiduría que llamamos *cinta-mayā paññā*. Está muy bien, es muy importante, porque ¿qué sabiduría podríamos obtener si no empleáramos el razonamiento intelectual? Esta es la segunda etapa. Pero *suta-mayā paññā* y *cinta-mayā paññā* pueden transformarse en obstáculos temibles. Cuando te contentas con *suta-mayā paññā* - "¡Ah! ¡He comprendido el Dhamma! ¡Ah! Ahora sé cuáles son las enseñanzas del Buda.

¡Tengo mucha suerte! He adoptado la enseñanza del Buda y soy budista"-, esta sabiduría, fundada sobre la experiencia del Buda, se vuelve un obstáculo porque no das el paso siguiente hacia *cinta-mayā paññā*. Pero supongamos que das el paso siguiente, que intentas comprender por razonamiento lógico la enseñanza del Buda y que te dices: "¡Ah! ¡Es tan apasionante, tan científico, tan racional, tan lógico!" Entonces, aparece la tendencia a inflar tu ego: "Ahora comprendo lo que el Buda enseñaba, y por qué enseñaba de esta manera." Y comienzas a debatir con todo el mundo: "La enseñanza del Buda es la mejor enseñanza. Todos ustedes son muy ignorantes, no comprenden nada. La enseñanza del Buda es la única que puede conducir a la Liberación." Pero hablando así no haces nada para liberarte. Tu razonamiento intelectual se ha vuelto un obstáculo considerable. *Cinta-mayā paññā*, esta sabiduría adquirida por la actividad intelectual debe servirte de inspiración, ofrecerte una dirección para seguir tu trabajo hacia la verdadera sabiduría, que tiene sus cimientos en la experiencia, *bhāvanā-mayā paññā*. Y esta sabiduría es la que nos transmitió el Buda. Toda la literatura india no es más que *suta-mayā paññā*. Toda la filosofía india no es sino *cinta- mayā paññā*. Pero faltaba *bhāvanā-mayā paññā*, y ese fue el aporte del Buda.

¿Qué es *bhāvanā-mayā paññā*? Es *paññā*, la sabiduría que constatas mediante la experiencia de manera continua. Según la lengua de los *Veda*, el término *veda* significa conocimiento, pero un conocimiento basado en la experiencia, no un conocimiento intelectual.[53] Es aquello que experimentas

---

53. *Veda* en sánscrito significa "conocimiento", literalmente "lo que ha sido visto"; se trata pues del conocimiento vivido (vivenciado), nacido de la experiencia, y no del conocimiento puramente teórico. *Veda* es la raíz de la palabra pāli *vedanā* que significa sensación, es decir la sensación sentida en el cuerpo por la mente.

mientras sientes *vedanā*, una sensación. De esta manera, se vuelve tu propio conocimiento, tu propia sabiduría, no lo que ha dicho el Buda, no lo que dicen las escrituras, sino tu propia sabiduría. Por ejemplo: experimento una sensación, agradable o desagradable, y reacciono con avidez o con aversión. Y en ambos casos me vuelvo desdichado. Esto te parecerá muy claro a la luz de tu experiencia. Pero si, por el contrario, no reaccionas, aunque la sensación sea agradable o desagradable, no te sientes desdichado. La ley de la naturaleza, el Dhamma, se hace muy claro: es tu conocimiento, tu veda, porque tienes una experiencia directa de la sensación, *vedanā*. Y si esta *vedanā* falta, aunque intentes comprender la enseñanza del Buda, tu comprensión será superficial.

Gracias a que mi maestro me formó en la observación de las sensaciones, he comprendido la originalidad de la enseñanza del Buda. Tu sufrimiento comienza con las sensaciones, porque la avidez comienza con ellas. Tienes una *vedanā*, por ejemplo, una sensación agradable, *sukkhavedanā*; entonces hay avidez y aparece *lobha*. Tienes una sensación desagradable, *dukkhavedanā*, y la aversión, *dosa*, aparece. Tu *lobha*, tu *dosa* aparecen a causa de los *vedanā*. Si hay una sensación, si sientes las sensaciones, y no reaccionas -si hay una sensación agradable y no reaccionas con avidez, si hay una sensación desagradable y no reaccionas con aversión-, te liberas del sufrimiento. ¡Es así de simple! ¡Pero sin practicar es muy, muy difícil!

El Buda enseñó el Dhamma, y solamente el Dhamma. ¿Qué es el Dhamma? Es la ley de la naturaleza. En India existe esta expresión: "*dhareti ti dhammā*", "la naturaleza del fuego es quemar", el dhamma del fuego es quemar. Es su característica, su naturaleza.[54] Si no quema es que no es fuego; si quema, es fuego. ¿Qué tienen que ver el budismo, o el hinduismo, o el cristianismo, o el islamismo con esto?

---

54. El término "dhamma" tiene muchas acepciones. Aquí no designa la ley de la naturaleza en su totalidad, sino la característica intrínseca de una realidad particular (la del fuego, por ejemplo)

Nada. Es la ley de la naturaleza, esto es lo que enseñó el Buda. Si, por descuido, pongo la mano en las llamas, me quemaré, ¡es la ley de la naturaleza! El fuego no va a decir: "Este hombre que puso su mano en el fuego es budista, o cristiano, o hindú, o musulmán." Si pones la mano en el fuego te quemas. Nada puede protegerte de esto: es la ley de la naturaleza.

Puedes creer en tal o cual filosofía; puedes creer que el alma (*attā*) existe o que no existe, que hay un Dios todo poderoso o que no hay un Dios todopoderoso. Pero si pones la mano en el fuego, te quemarás necesariamente, y no puedes impedirlo ni negarlo. Asimismo, si produces avidez o aversión te quemarás, nadie puede hacer que esto sea de otra manera. Seas budista, hindú o musulmán, te quemarás igual. Creas en tal o cual filosofía, te quemarás. Practiques tal o cual rito, te quemarás. Nadie quiere quemarse, nadie quiere sufrir. Por eso, lo mejor es no poner jamás la mano en el fuego: así no te quemarás. No acerques la mano al fuego. No te acerques a *lobha* y a *dosa*, a la avidez y a la aversión, y no te quemarás. Pero ¿cómo hacer para no engendrar ni *lobha* ni *dosa*? Es esto lo que el Buda nos enseña al explicar la cadena del origen condicionado (*paṭicca-samuppāda*). Según esta cadena:

> *La ignorancia produce las reacciones a las sensaciones, las reacciones producen la conciencia, la conciencia produce la mente y el cuerpo, la mente y el cuerpo producen las seis puertas de los sentidos, los seis sentidos producen el contacto. El contacto produce la sensación, la sensación produce el deseo,*[55] *etc.*
>
> *Avijjāpaccayā saṅkhāra, Saṅkhārapaccayā viññāṇam, Viññanappaccayā nāmarūpam, Nāmarūpapaccayā saḷāyatanam, Saḷayatanappaccayā phasso, Phassappaccayā vedanā, Vedanāpaccayā taṇhā,*[56] *etc.*

---

55. *Taṇhā* designa el deseo que puede conducir tanto a la avidez (*lobha*) como a la aversión (*dosa*)

56. *Paṭicca Samuppāda*, "Saṃyutta Nikāya", Sutta Piṭaka, Tipiṭaka.

Este encadenamiento es la ley de la naturaleza, o el Dhamma. Todo el mundo está sometido a ella, tanto budistas como no budistas. Cualquiera que esté en la ignorancia y reaccione ante sus sensaciones con avidez o aversión, sufre. Es una ley universal.

¿Cómo salir de este sufrimiento entonces?

Con la total erradicación y el cese de la ignorancia, las reacciones cesan.
Con el cese de las reacciones, la conciencia cesa. Con el cese de la conciencia, el contacto cesa.
Con el cese del contacto, las sensaciones cesan. Con el cese de las sensaciones, el deseo cesa.
Con el cese del deseo, el sufrimiento cesa.

Avijjā tveva assesa-virāga-nirodhā, saṅkhāra-nirodho.
Saṅkhāra-nirodhā, viññāṇa-nirodho...
Phassanirodhā, vedanānirodho, Vedanānirodhā, taṇhānirodho. Taṇhānirodhā, dukkhanirodho.[57]

Esa es la rueda...

No puede haber *dukkha* si no hay *taṇhā*, no hay sufrimiento si no hay deseo.

De nuevo, si esto se vuelve un principio, si se convierte sólo en una teoría, ¿qué puedes ganar? ¿Qué ganarás si no practicas verdaderamente, si no erradicas tu *taṇhā* con la ayuda de las sensaciones? A excepción de las sensaciones muy burdas, como el dolor, jamás experimentas tus *vedanā*. Sin embargo, en la profundidad, de lo más burdo a lo más sutil, se producen innumerables sensaciones y tú reaccionas ante ellas de diferentes maneras. Esto es algo que jamás has experimentado, y a menos que lo hagas, no podrás salir de *taṇhā*. Puedes salir de *taṇhā* en un nivel superficial, pero a un nivel más profundo debes trabajar con las *vedanā*.

Esta contribución del Buda me fascinó, y hoy en día fascina a muchas personas del mundo entero. Algunos se oponen con fuerza: muchos hindúes, muchos jainas, dicen

57. Ibid.

que el Buda es una reencarnación de un dios todopoderoso y se postran ante él, pero, cuando se refieren a su enseñanza, exclaman: "¡Oh! no, su enseñanza es muy mala, no cree en el alma, no cree en Dios, es un ateo, y los ateos van al infierno." Y no escuchan lo que dice el Buda. Sin embargo, cuando vienen a uno de mis cursos y comprenden todo esto que acabo de explicarles, se quedan fascinados. Como me ocurrió a mí también.

A menos que practiques tú mismo, no puedes llevar a nadie hasta la enseñanza del Buda. Te puedes divertir intelectualmente, pero no puedes conducir a otros del sufrimiento a la felicidad verdadera, ni de la esclavitud a la verdadera liberación. No puedes ayudar a la gente. El Buda supo cómo conducirnos hasta la raíz del sufrimiento, y ese fue su extraordinario aporte.

¿Cómo se manifiesta *saṅkhāra*, la reacción?

La sensación origina el deseo como reacción.

Vedanāpaccayā taṇhā.[58]

Entonces, primero debes sentir *vedanā* las sensaciones, y asegurarte de que no haya más deseo. Si cuando hay sensaciones, en un nivel superficial de la mente te dices: no, no voy a generar *taṇhā*, nada de aversión, nada de avidez, soy muy equilibrado, solo voy a generar ecuanimidad (*upekkhā*), entonces lo que harás será dañarte, te estarás mintiendo a ti mismo porque en lo profundo sigue habiendo una reacción. Profundamente hay *vedanā* y hay *saṅkhāra*, hay avidez y hay aversión, y para salir de eso debes tener la experiencia directa, desarrollar *bhāvanā-mayā paññā*, la sabiduría que surge de la experiencia. A menos que experimentes por ti mismo la interdependencia entre la sensación y la avidez o la aversión, a menos que observes esta interdependencia, la enseñanza del Buda no estará completa.

Yo repito constantemente que he tenido suerte: un muy buen *Karma* me hizo nacer sobre esta tierra donde el

58. Ibid.

Dhamma ha sido preservado en su pureza original durante siglos, desde la época del emperador Ashoka, cuando los *arahants* Soṇa y Uttara[59] lo trajeron hasta aquí. Uno se siente muy agradecido hacia la comunidad monástica, la *saṅgha* de este país –¡maravillosa *saṅgha*!- que ha mantenido la teoría (*pariyatti*) de la enseñanza del Buda en su pureza original. Y también la práctica (*paṭipatti*)[60] ha sido preservada en su pureza original, transmitida de maestro a discípulo. Aunque haya sido un pequeño número de personas, consiguieron mantener esta técnica tal como el Buda la enseñó.

¡Maravilloso país del Dhamma! De verdad hay que tener suerte para nacer en un país como éste, y también hay que tener mucha suerte para, además, encontrar una persona santa como Sayagyi U Ba Khin, y recibir el Dhamma puro que él enseñaba.

De verdad que es un maravilloso camino, una maravillosa técnica. Pero hay que andar por este camino, hay que experimentar esta técnica. Adquirir un conocimiento intelectual únicamente puede servirnos de inspiración, pero sólo la práctica efectiva puede ayudarnos.

Entre vosotros, muchos ya practicáis, sin duda, porque estáis aquí en la tierra del Dhamma. Pero a todos los que no habéis practicado todavía, que no habéis degustado aún el Dhamma a nivel de la experiencia, os recomiendo dedicar diez días de vuestra vida a este fin. Os recomiendo tomaros diez días para probar esta técnica. Es una técnica de este país, no es una técnica de la India. La India la perdió. Vosotros que vivís aquí debéis aprovechar al máximo sus ventajas.

---

59. Soṇa y Uttara, monjes *arahant* totalmente liberados, formaban parte de los emisarios del Dhamma enviados por el emperador Ashoka (304 A.C – 232 A.C) para difundir la enseñanza del Buda en los países vecinos de la India. Ambos fueron enviados a la región de la actual Myanmar, llamada antiguamente Suvanna Bhumi (la Tierra de Oro)

60. La práctica (*paṭipatti*) es la enseñanza de la meditación Vipassanā.

¡Que podáis todos encontrar el tiempo para dar diez días de vuestra vida a la meditación Vipassanā! ¡Que podáis todos vosotros degustar el Dhamma puro con la sabiduría que surge de la experiencia! ¡Que podáis todos salir del sufrimiento! ¡Que podáis todos disfrutar de verdadera paz, verdadera armonía, verdadera felicidad!

Preguntas y respuestas

Pregunta: Cuando uno se pone a imaginar algo que tiene que ver con el Dhamma durante la meditación, ¿debe salir de eso e intentar concentrarse más? Y si durante los períodos de meditación uno tiene ganas de irse, de llorar, si se siente triste, ¿cómo continuar con Vipassanā?

S. N. Goenka: Buena pregunta, pregunta práctica. Cuando surge algo en la mente mientras practicas Vipassanā – ira, miedo, tristeza –, esto quiere decir que no te gusta lo que haces. ¿Tienes ganas de irte? Cualquiera que sea tu sentimiento, obsérvalo sin odio. Si observas la ira con ira, no estás practicando Vipassanā. Vipassanā es *yathā-bhūta pajānāti*: la observación de las cosas tal cual son. ¿Surgió la ira? ¡Bueno! Obsérvala: "Si, lo sé, surgió la ira." Sin embargo, si te quedas ahí, no haces sino la mitad del trabajo que pide el Buda, debes seguir observando y preguntarte: surgió la ira a nivel mental, de acuerdo. ¿Pero qué pasa a nivel físico?

¿Qué se ha producido en tu cuerpo? Si hay ira, tiene que haber una sensación física, *vedanā*. Aceptas el hecho de que hay ira, miedo, ansiedad, pasión, o cualquier otra cosa, pero también hay que observar qué sensación acompaña estas emociones. Cuando sientes la sensación física es que verdaderamente has experimentado. Cuando no sientes, no tienes realmente la experiencia; sólo tu intelecto dice que hay miedo, ira o pasión. Pero cuando sientes una sensación, es realmente ahí que tienes la experiencia, y de la misma manera experimentas que la sensación surge y desaparece. Si no, te contentarás con afirmar: "la ira aparece, la ira desaparece", pero es sólo el intelecto quien dice esto. Sin embargo, si sientes las sensaciones aparecer y desaparecer, entonces has experimentado verdaderamente la impermanencia, *anicca.* Su poder es muy grande: la experiencia de la impermanencia erradica todas las impurezas. Con ella, todo lo que ensucia la mente se irá y no quedará nada.

P.: Algunos dicen que la enseñanza del Buda es científica. Yo no la calificaría así, pero acepto su enseñanza como "ley natural".

G.: Sí, de acuerdo, "ley natural" está bien si prefieres esta denominación al término "científica". Lo importante es que el Buda enseñó algo que no debe ser aceptado únicamente porque él lo dijo, o porque las escrituras lo dicen. Cuando empleamos la palabra "científica" para calificar una afirmación, queremos subrayar que cualquiera puede realizar la experiencia por sí mismo y comprobar si es verdad. De la misma manera, la enseñanza del Buda no es monopolio de tal o cual individuo, es una ley que vale para todos. Por eso la califico de "científica". Pero no es una ciencia ordinaria como la física o la química, es una "súperciencia" que te lleva más allá de la mente y de la materia y te conduce hacia el *Nibbāna.* Y este camino sólo puede ser transitado gracias a la "súperciencia" de un Buda.

P.: Parece ser que a veces, en la enseñanza de la meditación Vipassanā, Sayagyi U Ba Khin empleaba el método de control a distancia. ¿Lo usa usted también?

G.: ¿Qué es el control a distancia? Hay que comprender bien la significación, el fin. Cuando un maestro habla de control a distancia, se refiere a que te va a enviar sus vibraciones de amor desinteresado, su *mettā.*[61] Puede enviarlo muy lejos,

61. La práctica de mettā es complementaria a la de Vipassanā (cuyo fin principal es el de purificar la mente). Consiste en generar vibraciones de amor puro, desinteresado, dirigido hacia todos los seres o un ser en particular. Estas vibraciones de amor crean un marco favorable para la práctica del Dhamma y de Vipassanā.

porque el *mettā* no conoce barreras. Puedes estar en América y Sayagyi enviarla desde Birmania: "Ve, haz tu curso de diez días, desde aquí te envío mi *mettā*." Las vibraciones de *mettā* de Sayagyi son tan poderosas que uno las puede recibir donde quiera que se encuentre. Hoy mismo, mientras enseño, recibo continuamente el *mettā* de Sayagyi. Pero "control a distancia", no quiere decir que no tengas que hacer nada, y que tu maestro desde la distancia va a liberarte. De ninguna manera. Nadie puede liberarte.

P.: Hoy en día sabemos que muchas enfermedades psicosomáticas se curan con la práctica de Vipassanā. ¿Cuál es su opinión al respecto?

G.: No se trata solamente de cuidar los síntomas físicos de tus enfermedades. Se trata de suprimir todas las enfermedades[62] que surgen de tus numerosas vidas, de hacerte salir de todos los tipos de sufrimiento, físicos y mentales. Es cierto que Vipassanā cura ciertos síntomas físicos, pero este resultado es sólo una consecuencia secundaria de la enseñanza del Buda, ese no es su fin. Cuando conocí a Sayagyi, tenía severas migrañas y los mejores médicos no habían podido curarlas. Uno de mis buenos amigos, U Chan Tung, me envió con Sayagyi. Yo fui a verlo, y cuando le dije que venía a causa de mis jaquecas, él me respondió: "Para eso ve a consultar a un médico, Vipassanā no sirve para curar tus enfermedades. Se trata de un camino espiritual muy elevado. Así la devalúas, y eso no está bien. Cuando quieras realmente practicar para salir de todas las formas de sufrimiento, ven a buscarme. El resto se resolverá como una consecuencia." Las cosas me quedaron muy claras: cuando la mente se purifica, todas las enfermedades ligadas a ella, todas las enfermedades psicosomáticas se curan automáticamente. No hay nada más que hacer al respecto, es una consecuencia de la purificación de la mente. Pero, si vienes a verme para curar tal o cual

62. S. N. Goenka hace aquí referencia tanto a las enfermedades físicas como mentales.

enfermedad, no te curarás en absoluto. Hay que practicar Vipassanā con una finalidad espiritual elevada.

P.: ¿Cómo explicar rápidamente el budismo a no-budistas?

G.: ¡Pero si es lo que estoy haciendo! Son necesarios diez días, no menos. Evidentemente, si se trata sólo de explicar, una hora de discurso es suficiente. Pero eso significaría que te habrás contentado con juegos intelectuales, y no habrás ayudado a nadie. Cuando uno practica, entonces sí, la técnica da resultados, y resultados aquí y ahora, no después de la muerte. Practicando Vipassanā experimentas la verdad aquí mismo, ya seas cristiano, musulmán, jaina o judío, podrás reconocerla como perfectamente correcta. Los cristianos me dicen que hablo en nombre del Buda, pero que enseño cristianismo, los hindúes que enseño el *Bhagavad-Gita* en el nombre del Buda... incluso los musulmanes aceptan su enseñanza, y eso que son más estrictos con respecto a estas cosas.

Ya he dado dos cursos en una mezquita. También en monasterios cristianos, y en diversos lugares dedicados a alguna práctica religiosa. Todas las personas que han participado en ellos no cuestionan la verdad que han descubierto porque cuando la experimentan toman conciencia de que realmente se trata de la verdad. Por otra parte, no se trata de que abandonen su religión para convertirse al budismo, se trata de convertirse del sufrimiento a la felicidad, de la esclavitud a la liberación. Y a este respecto, las personas no tienen nada que decir.

P.: ¿Qué es la vida?

G.: (*Risas*) Eso es lo que aprendes al practicar Vipassanā. ¿Qué es la vida? Todas las ilusiones que a ella se refieren se disolverán cuando practiques Vipassanā. La verdad estará ahí.

P.: ¿Es la vida la interacción de la mente y la materia?

G.: Sí. Pero si digo: "sí, la vida es la mente y la materia, las corrientes de la mente y de la materia", ¿qué vas a ganar con eso? Una vez más, se trata sólo de juegos intelectuales. Si practicas, sabrás por ti mismo lo que es la mente y lo que es la materia; cómo la reacción ante una sensación engendra la conciencia; cómo, cada vez que produces una reacción (*saṅkhāra*), surge la conciencia (*viññāṇa*),[63] etc. Teniendo la experiencia de todo esto, comprenderás verdaderamente lo que el Buda enseñaba. Sin esta experiencia, te quedarás en el nivel de un juego intelectual, y esto puede incluso inducirte al error, porque el razonamiento intelectual tiene sus límites.

P.: ¿Cómo se puede hacer entender que nadie puede renacer bajo la forma de un cielo o de un árbol en una vida futura? ¿Puede explicarnos esto desde el punto de vista de la reencarnación?

G.: No dejo de explicar que la reencarnación se produce en ti a cada instante. En el momento en que generas cualquier impureza mental o una cualidad mental cualquiera,[64] entras mentalmente en relación con un cierto plano de existencia, según el tipo particular de vibraciones que hayas generado. Si produces las vibraciones correspondientes a un plano inferior de existencia, te unes mentalmente a ese plano inferior; si produces vibraciones de un plano más elevado, te unes a ese plano más elevado. Cuando dejas de unirte a uno de esos planos, alcanzas el plano de *Nibbāna*. Para esto sirve Vipassanā.

P.: ¿Cómo se debe practicar Vipassanā mientras uno come, camina, trabaja, se baña, etc.? Cuando practico así en mi

---

63. Ver este día, nota 23.

64. Se trata aquí de una impureza mental tal como el odio, la ira, el miedo, etc., o de una cualidad mental tal como el amor desinteresado, la ecuanimidad, el desapego, etc. Las vibraciones producidas por las impurezas mentales pueden ponernos en relación con los planos de existencia infernales; las producidas por las cualidades mentales positivas pueden, por el contrario, ponernos en relación con planos de existencia celestes (planos brahmánicos, materiales, inmateriales...).

vida cotidiana, constato que me siento muy apacible, que es muy agradable.

G.: Vipassanā no está completo si no practicamos a cada instante. *Saṃpajaññaṃ na rinjati,*[65] dijo el Buda: "No cedas en tu *saṃpajaññaṃ*." *Saṃpajaññaṃ* quiere decir la sabiduría (*paññā*) surgida de la observación de la aparición y desaparición de las sensaciones, y debe ejercerse permanentemente. Pero es difícil decirle a alguien que viene a su primer curso: "Debes ser consciente de la aparición y desaparición de las sensaciones mientras caminas, mientras comes, mientras trabajas, a cada instante, hagas lo que hagas." Un aprendizaje como éste toma tres, cuatro, cinco, siete días. Al cabo de ese tiempo, uno logra percibir las sensaciones, ser consciente, y al mismo tiempo tomar conciencia de su aparición y de su desaparición, de su impermanencia, de *anicca*. Cuando comes, cuando bebes, caminas, cualquier cosa que hagas a nivel físico, eres consciente, pero teniendo la experiencia de *anicca*, observando las *vedanā*. Si eres consciente de lo que haces, pero no sientes las sensaciones, el trabajo estará incompleto, no lo estarás realizando conforme a la enseñanza del Buda.

P.: ¿En qué parte de las escrituras el Buda enseña Vipassanā?

G.: Cada enseñanza del Buda está ligada a la práctica de Vipassanā, porque Vipassanā es su contribución. Pero en muchos textos entra en detalles más elaborados, como en el *Satipaṭṭhāna sutta.*[66]

---

65. *Saṃpajaññaṃ na rinjati* es explicado en la conferencia del Tercer día. Se trata de la sabiduría que se desarrolla mediante la observación continua de la aparición y desaparición de las sensaciones en el cuerpo. La enseñanza del Buda incita al que practica la meditación Vipassanā a observar la aparición y desaparición de las sensaciones en todas las actividades de la vida cotidiana.

66. El *Satipaṭṭhāna sutta* (igualmente llamado Mahāsatipaṭṭhāna sutta en su versión no condensada) es el discurso del Buda que constituye la base teórica más elaborada sobre la enseñanza de

P.: ¿Puede darnos una definición corta y clara de Vipassanā?

G.: *Passanā* quiere decir ver. Ver de una manera particular, ver las cosas de manera correcta. La verdad aparente (*paññatti thapetvā*) debe ser destruida, para dirigirse hacia *paramattha,*[67] la sabiduría perfecta. Este cuerpo es aparente, estos huesos son apariencia, tu andar, ese picor, todo esto no es más que apariencia. Cuando sientes una picazón y comprendes que esta sensación va a desaparecer invariablemente, que sólo surge y desaparece, entonces te estás dirigiendo hacia *paramattha.*

La enseñanza del Buda consiste en quebrar *paññatti* y dirigirse hacia *paramattha.* Son las sensaciones (*vedanā*) las que nos ayudan a ir hacia *paramattha.* Cada vez que las sientes, comprendes: aparición, desaparición, aparición, desaparición. La estructura del cuerpo está constituida de partículas subatómicas[68] que aparecen y desaparecen. Esto es *paramattha* y esto es Vipassanā: cuando experimentas esta sucesión perpetua de aparición, desaparición, aparición, desaparición, en todas tus sensaciones, entonces observas de manera correcta.

P.: ¿Cuál es la finalidad?

G.: La finalidad es salir del sufrimiento.

P.: ¿Esta práctica es el único camino hacia el *Nibbāna*?

G.: (*Risa*) Sí. Pero no porque el Buda lo afirmara. El Buda dijo: "*Ekāyano maggo*", "Sólo hay un camino". Pero no lo aceptes porque el Buda lo ha dicho. Cuando practiques, llegarás por ti mismo a la misma conclusión: "*Ekāyano maggo*", "Este es el

---

la meditación Vipassanā. A propósito de este sutta, S. N. Goenka explica que el Buda quería que el practicante de Vipassanā observara las sensaciones al mismo tiempo que lleva su atención sobre el cuerpo o los objetos mentales.

67. *Paramattha* es la realidad completa, la perfección de la sabiduría (*paññā*).

68. Ver Primer día, nota 17.

único camino". Porque todas las otras formas de meditación – ¡yo probé tantas antes de conocer a Sayagyi U Ba Khin! – trabajan con la superficie de la mente, con la llamada "mente consciente" de la psicología occidental. En este caso, sólo el nivel consciente de la mente va a repetir un mantra, realizar una visualización, una verbalización, una imaginación. Todos estos ejercicios conciernen a la parte "consciente", no llegan al "inconsciente". Ahora bien, lo que la psicología occidental llama "inconsciente", está continuamente en contacto con las sensaciones corporales, y por esta razón sigue siendo su esclavo. Avidez-aversión, avidez- aversión, día y noche, sin cesar. Mientras estás con vida percibes sensaciones y reaccionas a ellas con avidez, aversión, avidez, aversión.... A menos que cambie este hábito, ¿cómo puedes esperar la liberación? Nunca estarás liberado.

Todas las otras enseñanzas no trabajan sino en la superficie de la mente, la purifican en la superficie, en el nivel del consciente, pero no en profundidad. Puedes podar un árbol; pero, si sus raíces están enfermas el árbol jamás quedará sano. Para que esté sano hay que curar sus raíces. Para nosotros las raíces son nuestras sensaciones. A causa de ellas se manifiestan la avidez y la aversión, pero si percibes las sensaciones sin generar avidez ni aversión, te acercas al *Nibbāna.*

P.: ¿La meditación Vipassanā se puede aplicar a todos?

G.: Sí. A todos los que quieren salir del sufrimiento. Si alguien quiere quedarse en el sufrimiento, no debe practicar. En caso contrario, esta práctica conviene ciertamente a todos.

P.: ¿Qué personalidad se debe tener para practicar?

G.: Es cierto que existen personalidades diferentes. Pero con Vipassanā no entramos en esos detalles. Sea cual sea tu personalidad puedes comenzar a practicar. Tal vez no alcanzarás el *Nibbāna*, pero seguro que se manifestarán ciertos efectos beneficiosos. Si no practicas y pones pretextos: "¡Oh! No puedo practicar, porque soy así o asá", entonces, vida tras vida, te quedarás como eres y no saldrás jamás de tus sufrimientos. ¡Así que practica! Y saldrás de la desdicha.

P.: ¿Cómo podemos saber que hemos alcanzado tal o cual estado?

G.: Debes saber por ti mismo que te acercas más y más a tu meta. A menudo repito, como mi maestro Sayagyi tenía costumbre de decir: "El Dhamma es un modo de vida." El Buda nos presenta un modo de vida, nos muestra un camino, nos indica una vía, una vía que conduce al *Nibbāna.* El Buda no puede llevarte hasta el *Nibbāna,* Sayagyi U Ba Khin tampoco puede llevarte hasta el *Nibbāna,* y ciertamente Goenka está muy lejos de poder hacerlo. Debes llegar a la meta final por ti mismo. Se te ha dado un camino, se te ha indicado un modo de vida, y si continúas por este camino, ciertamente alcanzarás el *Nibbāna.* Si lo has alcanzado o no, solo tú puedes saberlo.

Ahora, ¿qué quiere decir *āna,* en *Nibbāna*? En sánscrito, *āna* significa quemar. Todo el mundo arde en avidez, en pasión, en aversión. El *Nibbāna* es la extinción del fuego que quema. En la medida en que el fuego de la pasión es extinguido, en esta medida has alcanzado el *Nibbāna.* En la medida en que el fuego de la avidez es apagado, en esta medida te acercas al *Nibbāna.* En la medida en que el fuego del deseo es extinguido, en esta medida te has acercado al *Nibbāna.* Si todos los fuegos son apagados, estarás libre de toda quemadura y habrás alcanzado la meta final, el *Nibbāna.*

El *Nibbāna* debe ser un estado donde las seis puertas de los sentidos dejan de funcionar, *saḷāyatananirodhā,*[69] y para

69. Según la enseñanza del Buda, el estado de *Nibbāna* es permanente y está más allá del mundo manifestado, en el cual se hallan los seis órganos sensoriales (cinco corporales y el sentido mental, así como sus respectivos objetos), donde todo es impermanente. De esta manera, la mente que ha penetrado el estado de *Nibbāna* se ha liberado del mundo manifiesto y ya no puede hacer funcionar los seis órganos sensoriales. Esta zambullida

experimentar el *Nibbāna* hay que tener la experiencia de este estado. Si un maestro de meditación lo constata, puede afirmar que uno de sus estudiantes ha alcanzado la meta. Si lo ha alcanzado, ni los ojos, ni los oídos, ni la nariz, ni la lengua, ni el cuerpo, ni la mente funcionan: el *Nibbāna* sucede más allá de las seis puertas de los sentidos. Pero antes de alcanzar ese estado, algunos síntomas habrán comenzado a manifestarse. Uno se dirige a la meta progresivamente. Y hay que examinarse: "¿Ha disminuido mi ira? ¿Estoy menos sujeto a la pasión? ¿Mi ego ha disminuido?" Uno se examina. Si tus defectos disminuyen, ciertamente te estás acercando a la meta. Si no, te estás equivocando, no estás en el buen camino. Hay que examinarse.

P.: ¿Es posible comprender el sentido de Vipassanā sin un guía que nos enseñe la práctica?

G.: Es necesario un guía que te muestre el camino correcto. Una ligera desviación del camino correcto, por muy pequeña que sea, puede llevarte a un destino muy diferente. También es obvio que, al principio, alguien debe mostrarte el camino, la vía correcta: si se trata de la respiración, tienes que trabajar con la respiración natural, sin agregar nada: ni visualización, ni verbalización, ni especulación, ni imaginación. Sólo la respiración natural. Tampoco ejercicios de respiración: entonces estarás en el buen camino. Luego vienen las sensaciones: sea cual sea la sensación que experimentas, simplemente sé consciente de ellas. No crees ninguna sensación: nada de realidad artificial o inventada. La realidad natural: *yathā-bhūta*. Este es el camino del Buda. Y alguien debe mostrarte ese camino. Porque si tomas un sendero equivocado, no obtendrás los resultados que se pueden esperar de la meditación Vipassanā.

---

de la mente en el estado del *Nibbāna* puede durar algunos segundos o algunos minutos, y es durante este período que los seis sentidos dejan de funcionar y que el maestro que sigue al estudiante puede hacer la constatación.

Pero el guía no tiene más papel que el de guía: no caigas en las garras de un maestro espiritual, de un gurú. No existe el poder del gurú en el Dhamma.[70] Debes trabajar por ti mismo; de otra manera, corres el peligro inherente de depender del gurú, si esperas que él te ayude, te entregas a él. Pero el Buda nos enseña que debemos trabajar por nosotros mismos. El guía o el gurú no hace sino mostrar el camino, pero tú debes recorrerlo. Si tienes una dificultad cualquiera, ve a preguntarle, pero continúa caminando. En este sentido es necesario un guía. Si caminas totalmente solo, es muy posible que des un paso en falso; es mejor aceptar el consejo de alguien que tiene experiencia en este camino. Y diez días son suficientes para eso. Después de esos diez días, te convertirás en tu propio maestro. Ya conoces el camino, ya conoces el modo de vida, el Dhamma te conducirá hasta la meta final.

P.: Si los ruegos no reciben respuestas, ¿por qué ruegan los budistas?

G.: ¿¡Cómo puedo yo responder en su lugar?! (*Risas*). Para mí, ¿qué es un ruego? Un rito (*pūjā*) ¿y qué es un rito? Cuando conocí a mi maestro, él practicaba *pūjā*, y me dijo que también yo practicara. ¿Pero qué *pūjā*?

> *Caminando por el sendero del Dhamma rendimos homenaje al Buda.*
>
> *Imāya dhammānudhamma paṭipattiyā Budaṃ? Pūjemi.*[71]

Nirāmisa pūjā, es decir un *pūjā* correcto. Caminar por el sendero del Dhamma, desde el Dhamma más burdo al Dhamma más sutil. De *sīla* a *samādhi*, de *paññā* al *Nibbāna*. Así es como rindo homenaje al Buda. Es así, según la enseñanza del Buda mismo, como se rinde homenaje a un Buda.

---

70. En algunas enseñanzas espirituales, en India y otras partes, se cree que es el poder del gurú quien puede llevar al discípulo que se entrega a él, hasta la liberación final.

71. Saludo al Buda comúnmente recitado en los países budistas de tradición Theravāda (Birmania, Sri Lanka, Tailandia...)

Pero en la vida cotidiana, si te encuentras delante de una estatua del Buda y sientes un sentimiento de gratitud hacia él: "¡Qué ser tan maravilloso! Si no hubiera estado aquí, si no hubiera alcanzado el *Nibbāna* y si no hubiera difundido su enseñanza, ¿cómo habría podido yo obtener su conocimiento?" Entonces te acuerdas de sus cualidades:

> *Aquí está aquel que ha eliminado todas sus impurezas mentales, el totalmente Iluminado gracias a sus propios esfuerzos, el perfectamente realizado en teoría y en práctica, etc.*
>
> *Iti pi so bhagavā araham sammasṃbuddho, vijjācaranasampanno,*[72] etc.

Te acuerdas de sus cualidades, y recibes la inspiración para desarrollarlas en ti mismo.

Así es como te postras delante del Buda, con un sentimiento de gratitud. ¿Y cómo vas a postrarte? Cuando los estudiantes se postraban delante de él, mi maestro les preguntaba a veces[73]: "¡Eh tú! ¿Cómo te postras? ¿Lo estás haciendo correctamente? Durante tu primera postración debes sentir una sensación, debes postrarte teniendo conciencia de *anicca*, de la impermanencia. Durante la segunda postración debes tener conciencia de que la impermanencia es una fuente de sufrimiento, *dukkha.* Durante la tercera, debes tener conciencia de que todo lo que es impermanente no es "yo", ni "mío", sino que está desprovisto de un "alma sustancial", es *anattā.* Debes sentir las sensaciones y con la conciencia de que las sensaciones son impermanentes, te inclinarás una vez, te inclinarás una segunda vez, te inclinarás una tercera: *anicca, dukkha, anattā.*"

---

72. Homenaje al Buda en los países budistas de tradición Theravāda, que recuerda sus cualidades. (Khudakanikaya, *Sutta Piṭaka, Tipiṭaka*).

73. Es muy común, particularmente en Birmania, inclinarse ante su maestro para expresarle gratitud.

Ofreces flores al Buda, flores bellas, brillantes. Pero míralas bien: *anicca, anicca,* mañana estarán marchitas. Ofreces una vela al Buda. Mira, a cada instante la llama aparece, desaparece: *anicca, anicca.* Cualquiera que sea la forma en que rezas, constatas que la realidad es *anicca, anicca.* Así comprenderás la enseñanza del Buda a un nivel más profundo. De la realidad más burda irás avanzando hacia la realidad sutil. Y entonces te dirigirás hacia la meta final. Si lo haces así, recogerás los mejores frutos del Dhamma.

P.: ¿Qué es lo esencial a nivel de la práctica?

G.: Lo esencial cuando comienzas una técnica u otra - yo no me opongo a otras técnicas- es que debes alcanzar el estado en que sientes sensaciones por todo el cuerpo. En el *Satipaṭṭhāna sutta* cada parágrafo presenta el comienzo de una técnica.[74] Una técnica parte de aquí, otra de allá, y con una y otra debes alcanzar el mismo punto, y llegarás a la meta. Cada técnica conduce al punto en que deberás experimentar que la aparición y la desaparición de las sensaciones son simultáneas.

Observa el fenómeno de la aparición
Observa el fenómeno de la desaparición.

Samudayadhāmmanupassi viharati,
Vayadhammānupassi viharati.[75]

Al comienzo de la práctica de Vipassanā, las sensaciones parecen burdas, desagradables.[76] Aparecen, se quedan

---

74. S. N. Goenka parece hacer referencia aquí a las otras técnicas de meditación Vipassanā enseñadas en Birmania u otras partes, que pueden tomar puntos de partida diferentes para el practicante (a los cuales se hace referencia en el Satipatthāna sutta), pero enseguida todas pasan por las mismas etapas, particularmente el estado de *bhaṅga*, como dice más tarde.

75. *Mahāsatipatthānasutta*, "Digha Nikāya", *Sutta Piṭaka, Tipiṭaka.*

76. El principiante de Vipassanā generalmente siente dolor, sensaciones solidificadas, burdas.

un cierto tiempo, luego desaparecen. Pero en el estado de *bhaṅga*,[77] todo se disuelve, no hay más que vibraciones. Tan pronto como hay aparición hay desaparición. Esta es una etapa importante, recordada en todos los parágrafos del *Satipaṭṭhāna sutta*. Cualquiera que sea el punto de partida en que comenzaste la práctica de Vipassanā, debes pasar por este estado. Luego alcanzarás la meta final. Si no experimentas el estado de *bhaṅga*, te quedarás en el comienzo. Es muy importante tener la experiencia de las sensaciones, de comprender su aparición y su desaparición y alcanzar el estado de *bhaṅga*.

P.: ¿Qué debemos hacer en el comienzo de la práctica?

G.: Ven a un curso de diez días. ¡Es así como uno empieza!

P.: ¿Qué debemos hacer para permanecer con Vipassanā cuando volvemos a la sociedad normal después de un curso?

G.: Vipassanā te enseña a vivir en la sociedad. Esta técnica no pretende que huyas de tus responsabilidades. Aprende Vipassanā y aplícala a la vida cotidiana. Como ya lo he dicho, la enseñanza del Buda es el Dhamma aplicado.

Aplícalo en la vida, vive esta vida y tanto las personas a tu alrededor como tú mismo os sentiréis maravilladas de los beneficios de Vipassanā.

P.: ¿Puede un ser sensible renacer bajo la forma de un ser insensible?

G.: Practica Vipassanā ¡y ya no renacerás ni como ser insensible, ni como ser sensible! ¡Te liberarás de todo renacimiento! ¡Practica Vipassanā!

P.: ¿Puede explicarnos las relaciones entre la meditación Vipassanā y la enfermedad o la salud?

---

77. Estado de disolución total de la estructura física del cuerpo. No hay ninguna solidez en el cuerpo, sólo vibraciones sutiles.

G.: La enfermedad mental es la peor de las enfermedades. Vuélvete mentalmente sano y todo lo demás irá bien. El Buda era el más grande psicoterapeuta: comprendió que todas las enfermedades están en relación con la mente y que las enfermedades más graves de la mente son la avidez, la aversión y la ignorancia. Una vez que estas son eliminadas, estarás curado. El Buda fue un gran médico. Haz uso de esta medicina y termina con todos tus sufrimientos, con todas tus enfermedades.

Que todos vosotros seáis felices.

Tercer día

Queridos amigos, estos dos últimos días les he hablado de la enseñanza del Buda y de la importancia de la práctica para la obtención de sus frutos. Por supuesto, antes hay que escuchar la enseñanza, leerla: obtener una sabiduría de las escrituras, lo que llamamos *suta-mayā paññā*. Luego hay que intentar comprenderla intelectualmente, cuestionarla, no aceptarla ciegamente. Eso constituye otro tipo de sabiduría, llamada *cinta-mayā paññā*. Las dos son muy importantes en el sendero, pero como ya os he dicho, sólo cuando experimentamos la enseñanza, cuando desarrollamos el Dhamma en la práctica y en la vida cotidiana, es cuando obtenemos con seguridad sus beneficios. Esto es *bhāvanā-mayā paññā*, una sabiduría surgida de la práctica -*bhāvanā* quiere decir el desarrollo espiritual, la meditación. Este es el aporte original del Buda. En su época, las personas de la India sabían muy bien que el deseo y la aversión eran la causa del sufrimiento, y que una vez que éstos desaparecen, el sufrimiento se termina.

Después de haber alcanzado la iluminación, el Buda se dirigió al Parque de los ciervos para transmitir su enseñanza por primera vez, a sus cinco antiguos compañeros.[78] Si se hubiera conformado con decirles: "encontré la iluminación porque ahora sé lo que es *dukkha*, sé que su causa es el deseo y la aversión, y sé que existe una posibilidad de salir de ello", estoy seguro de que sus camaradas hubiesen sonreído: "sí, sí, sí, nosotros también lo sabemos." Pero él dijo algo que no se sabía entonces: "Las Cuatro Nobles Verdades[79] no son

---

78. Sus cinco compañeros estaban como él, en la búsqueda de la liberación, pero no la habían alcanzado aún.

79. Las Cuatro Nobles Verdades son: 1) El sufrimiento existe. 2) Hay una causa para el sufrimiento. 3) La cesación del sufrimiento

realmente verdades hasta que no las experimentamos." Éste fue su primer sermón: aceptar que hay un camino que conduce a la erradicación del sufrimiento no es suficiente, no nos ayuda para nada. Ésta es la diferencia entre el Buda y los otros maestros que afirman que el sufrimiento existe. Cuando se siente un dolor en el cuerpo, cuando hay una presión o calor en alguna parte, cuando un amigo muere, cuando alguien pierde sus bienes, su trabajo, su poder, su posición, se vuelve desgraciado, sí, es evidente, todo el mundo puede comprenderlo. Pero ésta no es la enseñanza del Buda. Entonces, ¿qué es el sufrimiento?, ¿qué es *dukkha* según el Buda? Todo lo que puedes experimentar en el interior del cuerpo es *dukkha.*

Cuando las personas vienen a los cursos de meditación, al principio se sienten mal, sufren tensiones, dolores, pesadez, calor, picazón, todo tipo de sensaciones desagradables. Es muy fácil de comprender: hay *dukkha* porque hay dolor, presión, pesadez. Al quinto o sexto día, en el séptimo día, tal vez para otros en el octavo, noveno o décimo día, uno llega a un estado donde toda la solidez del cuerpo se disuelve. Así es la enseñanza: no se recurre a ninguna imaginación, a ningún tipo de autosugestión ni de auto hipnotismo,[80] se experimenta la verdad, se constata por uno mismo que el cuerpo no es una sustancia sólida. A nivel aparente (*paññātti*), la estructura física entera es sólida, compuesta de carne, huesos, etc., pero a nivel real (*paramattha*), no hay más que vibración, partículas subatómicas[81] (*kalapa*) que aparecen y desaparecen a gran velocidad. La enseñanza del Buda consiste en ir de la realidad aparente a la verdad última con la ayuda de Vipassanā.

---

existe. 4) Existe un camino que lleva a la cesación del sufrimiento.

80. S. N. Goenka hace referencia aquí a otros tipos de meditación o de prácticas diversas que usan la imaginación u otros objetos que no son la realidad "tal y como es".

81. Estas partículas subatómicas son infinitamente pequeñas, más pequeñas que el átomo; aparecen y desaparecen a gran velocidad.

Así, de acuerdo con la enseñanza del Buda, vamos de la realidad aparente, densa, hacia una realidad más y más sutil. Se alcanza la realidad más sutil concerniente a la materia, la mente y los contenidos mentales, y entonces las cosas se vuelven muy fáciles: se trasciende por completo el campo del cuerpo y la mente y se experimenta algo indescriptible, eterno, donde nada desaparece ni nada muere, porque nada surge. Pero debes experimentarlo por ti mismo. Alguien te puede decir: "este pastel es delicioso." Pero, a menos que lo pruebes, no podrás saber si es cierto. De la misma manera, ¿por qué decir que el *Nibbāna* es maravilloso si no se ha experimentado? Eso no sería más que un juego devocional, un juego intelectual. No te aportará nada. Es lo real y sólo lo real lo que el Buda enseña cuando dice que debemos experimentar cada Noble Verdad de tres maneras diferentes.[82]

Antes que nada, se debe constatar que el sufrimiento existe en todas partes del mundo. En efecto, seamos ricos o pobres, educados o no, es fácil constatar que nadie se salva del sufrimiento. Y el Buda nos incita a experimentar todo el campo del sufrimiento, hasta su último límite, a verificar por nosotros mismos que todos los fenómenos físicos y mentales son sufrimiento.

Es así como debe comprenderse *dukkha*, la primera de las Cuatro Nobles Verdades, y cómo debe explorarse y experimentarse. Cuando hacemos un curso de Vipassanā, sentimos tensiones, dolores, pesadez física. *Dukkha* es una realidad evidente, muy intensa. Sentimos sensaciones muy solidificadas. Pero, a medida que la observación de las sensaciones avanza, este *dukkha* solidificado se disuelve, y se llega al estado de la aparición y desaparición de la sensación, llamado *udayavayaññaṇa*. *Udaya* es la aparición, y *vaya* la desaparición.

Cuando aparece un dolor burdo, solidificado, hay que observar. Este dolor va a durar, durar, durar algún tiempo,

---

82. Constatando el sufrimiento a nivel mundano, experimentando todo el dominio del mundo manifestado, y luego trascendiéndolo para alcanzar el estado de *Nibbāna*.

pero tarde o temprano va a desaparecer. Cuando sientes estas sensaciones sólidas, intensas, burdas, desagradables, experimentas la verdad sobre la aparición de la sensación, *samudaya dhamma.*[83] Pero si continúas meditando, observando estas sensaciones, llegarás al estado de la disolución total, *bhaṅgañāṇa,*[84] en el cual toda solidez se disuelve: toda la estructura física se te revela como una masa de partículas subatómicas (*kalapa*) que surgen y desaparecen con gran rapidez. Cuando experimentan esto, los practicantes de Vipassanā vienen a verme y exclaman: "¡Es maravilloso! ¡Encontré lo que buscaba! Siento un flujo de sensaciones muy sutiles, ¡Es tan agradable! ¡Ya no siento dolor!" Las personas buscan lo agradable; vienen a los cursos para encontrarlo, para deshacerse de las sensaciones desagradables. Pero un maestro experimentado debe responderles: "¡Oh no!, ¡estás loco! Ese estado no es maravilloso, el Buda dijo que es peligroso." Entonces los practicantes protestan: "¿Por qué es peligroso, por qué es temible? ¡Todos mis dolores han desaparecido!"

Ese estado es peligroso porque cuando tienes sensaciones agradables te apegas a ellas. Ahora bien, la ley de la naturaleza es que todo cambia y desaparece. Así, cuando se llega al estado de la disolución total, algunas impurezas profundas suben a la superficie, y de nuevo sientes sensaciones solidificadas. Y entonces te sientes muy mal, porque generaste apego hacia esas sensaciones agradables y ahora han desaparecido. El estado de la disolución es muy importante, pero es igualmente muy peligroso y perjudicial si no tenemos el

---

83. *Samudaya dhamma*, es el Dhamma o la ley sobre la verdad del surgimiento. Esto significa que el meditador al menos ha experimentado la aparición de esta sensación, que no ignora su existencia. Recíprocamente *samuvaya dhamma* es el Dhamma o la ley sobre la verdad de la desaparición de la sensación.

84. Para *udayavayañāna*, la aparición y desaparición de la sensación física pueden tomar cierto tiempo, pero en *bhaṅgañāṇa*, estado que le sigue, ellas se suceden muy muy rápido, y el fenómeno se extiende a todo el cuerpo.

nivel de sabiduría requerido para evitar apegarnos. Si por el contrario, tenemos la sabiduría apropiada, comprendemos que por más agradable que sea ese estado, es impermanente. Cuando sentías sensaciones intensas, su aparición y desaparición eran bien distintas, separadas por un intervalo. En el estado de disolución total, todo son pequeñas olas,[85] y olas y olas: tan pronto como una ola aparece, desaparece. No hay intervalo que separe estos fenómenos, aparición y desaparición son casi simultáneas. Y podemos constatar que este fenómeno también es necesariamente impermanente: aparición, desaparición, aparición, desaparición... no generamos avidez hacia estas sensaciones, no producimos apego; permanecemos desapegados, plenamente ecuánimes, *upekkhā*. En este caso, no hay ningún peligro.

El camino lleva luego a "*saṅkhāra upekkhā*".[86] Entonces, los condicionamientos mentales (llamados también "reacciones"), los *saṅkhāra* más profundos, esos que son los causantes de la generación de una nueva vida, vida tras vida,

---

85. S. N. Goenka usa este término de "pequeña ola" para describir el tipo de sensación de vibración muy fluida que se produce a gran velocidad, y que es percibido en este estado.

86. *Saṅkhāra upekkhā* significa que el sendero consiste en permanecer "ecuánime" frente a los condicionamientos mentales, los *saṅkhāra* (también llamados comportamientos habituales de la mente) que se manifiestan por tal o cual tipo de sensación que aparece y desaparece en la estructura física del cuerpo. Son los *saṅkhāra* quienes nos incitan a reaccionar con avidez o con aversión. Cuando la mente permanece "ecuánime" estos condicionamientos mentales, antes enterrados en las profundidades de la mente, suben a la superficie y pueden así ser eliminados. En efecto, el comportamiento habitual de la mente es reaccionar a las sensaciones con avidez o aversión y producir así nuevos condicionamientos mentales, permanentemente. La meditación Vipassanā consiste en cambiar este comportamiento habitual. Los *saṅkhāra* muy profundamente enraizados en nuestra mente, en el nivel inconsciente, son condicionamientos mentales suficientemente poderosos para incitarnos en el momento de la muerte a tomar otro nacimiento.

subirán a la superficie y serán eliminados. Esto sucede así porque permaneces ecuánime, porque experimentas que todo eso es impermanente. Por más poderosos que sean los *saṅkhāra* que salen a la superficie, si permaneces ecuánime, no pueden quedarse, desaparecen hasta que alcanzas el estado de la liberación total, el *Nibbāna*. Pero esto no es posible si no se ha experimentado todo el campo del fenómeno físico y mental y se ha constatado que todo es sufrimiento, *dukkha*. Puesto que incluso lo que las personas llaman "agradable", no lo es: también es *dukkha*, ya que existe la aparición y la desaparición. En sí mismo, reconocer la existencia de *dukkha* no te conducirá al objetivo final, explorar el campo de *dukkha* tampoco; lo que sí te llevará es haber experimentado todo el campo de *dukkha*, haber alcanzado los límites y haberlos trascendido.

El Buda explica a sus cinco compañeros que lo mismo ocurre con las otras tres Nobles Verdades: primero debemos comprender cada una de ellas, luego experimentarlas directamente, pero no se convertirá realmente en una Noble Verdad hasta que la hayamos trascendido. También les dice que él mismo ha trascendido cada una de las Cuatro Nobles Verdades: el sufrimiento (*dukkha*), la causa del sufrimiento (*dukkhsamudaya*), la erradicación del sufrimiento (*dukkhanirodha*) y el camino que conduce a la cesación del sufrimiento (*dukkhanirodhagāminipaṭipadā*). Y, para cada una de las Cuatro Nobles Verdades, fue el hecho de haber alcanzado la segunda y la tercera etapa[87] y no simplemente la primera, lo que convenció a sus cinco compañeros de que efectivamente había alcanzado la iluminación. ¡Por supuesto que en diez días uno no alcanza el estado del *Nibbāna*! Puede que algunos lo consigan, ¡bien por ellos, los felicito! Pero no debemos esperar lograr en diez días el objetivo final.

Ahora conoces el camino. La enseñanza del Buda es el Dhamma, y el Dhamma es un arte, una manera de vivir. Como seres humanos podemos vivir todo tipo de vidas, pero

87. Es decir experimentarla de forma directa y trascenderla para alcanzar el estado de *Nibbāna*, donde no hay más sufrimiento.

no traerán más que sufrimiento, ahora y en el futuro. La enseñanza del Buda nos conduce fuera del sufrimiento, tanto en el presente como en el futuro. Él enseña un verdadero camino. El Dhamma nos enseña a caminar por este camino, a vivir de acuerdo con las leyes explicadas por el Buda. No existe otro camino para alcanzar la meta.

Ahora que conoces el camino, no te queda más que andar por él, paso a paso, y seguro que llegarás a la meta final. Pero no necesitas esperar hasta haber llegado al final para obtener beneficios. Cada paso que das te beneficia aquí y ahora, mucho antes de haber alcanzado el *Nibbāna*. Por supuesto, una vez alcanzado obtendrás infinitos beneficios, pero ningún paso sobre el sendero del Dhamma es en vano. Por eso, si encontramos el camino correcto, si sabemos cómo andar por él, la mitad del trabajo estará hecho. Si estamos andando por un camino equivocado, a pesar de todos los esfuerzos posibles, no podremos alcanzar el objetivo final; si estamos sobre la vía correcta pero no sabemos cómo andar, tampoco podremos alcanzarlo. Estas dos cosas son determinantes: debemos encontrar el camino correcto y recibir la técnica apropiada; luego, hay que aplicarse a trabajar con ardor.

El *Tathāgata* solamente muestra el camino. "Yo les he mostrado el camino. El resto depende de vosotros", dice. Camina, camina sin cesar; trabaja por tu propia cuenta para tu propio beneficio. Y a medida que avanzas sobre el camino, la ley de la naturaleza, el Dhamma, se vuelve más y más claro. El Dhamma no es más que la ley universal de la naturaleza. Se hace claro porque lo vives. Cuando conocí a Sayagyi U Ba Khin, yo no había leído ni un solo libro sobre la enseñanza del Buda, no había leído ni siquiera el *Dhammapada*. Todo esto era nuevo para mí, ya que venía de una tradición completamente diferente. Pero una vez que experimenté la enseñanza, U Ba Khin me dijo: "¡Ahora lee esto, lee aquello! La teoría y la práctica deben ir juntas. La teoría sola no te será de ninguna ayuda, pero junto con la práctica aclara mucho las cosas." Y a medida que iba leyendo, era como si el Buda me dijera: "Es así. Mira, es así, no lo comprendas al revés". Y eso era así porque practicaba. Cuando prácticas, cada explicación, cada palabra enunciada por el Buda toma una significación diferente: cómo se produce el apego a los cinco agregados;[88] cómo *dukkha* se manifiesta a causa de este apego; qué es la mente, qué es la materia, y cómo es la interacción constante que tiene lugar entre ellas, la manera en que una es influenciada por la otra, recíprocamente; cómo se producen los flujos y reflujos de sensaciones a través del cuerpo... todas estas cosas se hacen realmente claras.

Cuando se llega al estado de disolución total, las cosas se vuelven más y más claras: nos damos cuenta de que la estructura física entera, así como la estructura mental, no son más que vibraciones. Este es un gran descubrimiento del Buda, nadie antes que él lo había visto. Hace cien años, los científicos occidentales afirmaron lo mismo a su manera, porque uno de ellos había descubierto que no hay ninguna solidez en el universo material, que está constituido solamente por pequeñas ondas, y que todo el universo está hecho de átomos que surgen y desaparecen, surgen y desaparecen... este científico, el Sr. Álvarez,[89] se propuso calcular, con la ayuda de un instrumento llamado "cámara de burbujas", cuántas veces una partícula aparece y desaparece en un segundo. ¡Y llegó al resultado de 10^{22}! Gautama había dicho que la más pequeña partícula de materia, un *kalapa*, surge y desaparece un sorprendente número de veces en un instante: *anekasatasahassakoti*, literalmente: cien mil veces

---

88. Los cinco agregados que constituyen la entidad de la mente y del cuerpo físico. (Ver Segundo día, nota 25)

89. Luis Walter Álvarez (nacido el 13 de junio de 1911 en san Francisco, EE. UU., muerto el 1 de septiembre de 1988 en Berkeley) era un físico norteamericano. Recibió el premio Nóbel de física en 1968 por haber descubierto un gran número de resonancias en las partículas, volviendo visible su trayectoria gracias a una técnica que él mismo había desarrollado, que unía una cámara de burbujas utilizando hidrógeno líquido y un aparato de análisis rápido de datos.

diez millones. Los dos han llegado al mismo resultado, y sin embargo ¡qué gran diferencia entre ellos! Algunos de los muchos estudiantes occidentales que vienen a mis cursos conocieron en Berkeley al Sr. Álvarez, y me han contado que era un hombre muy malhumorado, lleno de tensiones.

Así que el académico llegó a la misma verdad que el Buda, llegó a comprender, que el universo está compuesto por pequeñas ondas de partículas. La verdad es la verdad, y sin embargo ¡qué diferencia! Por un lado, alguien que se ha realizado, liberado plenamente; por otro, una persona llena de sufrimiento. ¿Por qué? Porque uno ha descubierto la verdad de manera intelectual, mientras que el otro la ha experimentado. El Sr. Álvarez tenía confianza en su instrumento de medida, en su intelecto, y, basado en esta confianza, pudo afirmar que en un segundo, 10^{22} partículas surgen y desaparecen. En cuanto al Buda, no tenía otro instrumento de medida que él mismo,[90] no había leído esta verdad en las escrituras, pero la experimentó. Y gracias a la disolución de todas sus impurezas mentales, capa tras capa, se liberó totalmente.[91] Pero, si nos quedamos únicamente con la comprensión intelectual, no podremos liberarnos en absoluto, ni siquiera parcialmente, porque sin *bhāvanā-maya paññā*, la sabiduría surgida de la experiencia, no podemos liberarnos de las impurezas mentales.

Es exactamente lo mismo para nosotros: si consideramos la enseñanza del Buda solamente en los niveles intelectual, emocional o devocional, nos quedaremos igual que el Sr. Álvarez. Pero si la experimentamos, entonces sí, obtendremos beneficios reales. Cuando se llega al estado de disolución total de la solidez aparente del cuerpo físico (*bhaṅgañāṇa*) no hay más que sensaciones de vibración, vibración,

90. Su mente y su propio cuerpo físico, en el marco de los cuales experimenta la ley de la naturaleza.

91. Es mediante la observación con ecuanimidad, de la aparición y desaparición de las sensaciones, que el meditador de Vipassanā se libera progresivamente de sus impurezas mentales.

vibración... La mente y los contenidos mentales[92] también están hechos de vibraciones, la materia es vibración. Lo puedes experimentar: se manifiesta una emoción cualquiera, -como ira o pasión-, que da lugar a una sensación intensa, solidificada. La emoción intenta dominarte. Pero, gracias a la práctica de Vipassanā, puedes observarla: veamos cuánto dura, veamos qué sensación produce en mi cuerpo. Y observando, observando, te vas dando cuenta de que la intensidad de la emoción no cesa de disminuir y que termina por transformarse en vibraciones. Por más intensa que sea una sensación, de seguro terminará transformándose en vibraciones. La mente se vuelve vibraciones, todos los contenidos mentales se vuelven vibraciones. Y eso no es así porque lo dijo el Buda, ni Sayagyi U Ba Khin, ni Goenka, sino porque lo has aprendido con tu propia experiencia.

Ahora todo está disuelto y se vuelve fácil. Comprender al Buda se hace fácil. Desplazamos nuestra atención de la cabeza a los pies y de los pies a la cabeza sin dificultad. Posamos nuestra atención sobre los ojos: vibraciones; sobre la nariz: vibraciones; sobre las orejas: vibraciones; sobre la lengua: vibraciones; sobre la piel: vibraciones; sobre la mente: ¡vibraciones!

Todo es vibración, nada más. Todo lo que entra en contacto con uno de los sentidos produce vibraciones. Un sonido que entra en contacto con el oído, vibraciones. Una forma o una luz que entra en contacto con los ojos, vibraciones. Un olor que entra en contacto con la nariz, vibraciones. Un sabor que entra en contacto con la lengua, vibraciones. Un objeto tangible que entra en contacto con el cuerpo, vibraciones. Un pensamiento, una emoción, cualquier cosa que viene a la mente, vibraciones. Los seis sentidos externos, los objetos exteriores[93] no son más que vibraciones: las "puertas"

92. Los contenidos mentales se refieren a los objetos (pensamientos, emociones...) percibidos por la puerta sensorial que es la mente. Son el equivalente a un olor para el sentido del olfato.

93. "Los seis sentidos internos" y "los seis sentidos externos" se refieren al hecho de que los seis órganos sensoriales están situados

de los sentidos no son más que vibraciones. Cuando un sonido viene al oído, un buen meditador -claro que lleva tiempo alcanzar este estado- se da cuenta de que surge la conciencia (*viññāṇa*). "Algo ha sucedido", dice la misma. Y así comprendemos cómo funcionan los cinco agregados (*khandha*).[94] Luego, inmediatamente, eso hace entrar en juego a la percepción (*saññā*), otra parte de la mente provista de todos los recuerdos, de toda la experiencia del pasado, que, a su vez, dice: "Sí, son palabras. ¿Pero son insultos? ¿Son alabanzas?" La percepción no solo identifica, sino que también evalúa: "¿Son insultos? Ah, no me gusta nada" o: "¿Alabanzas? ¡Ah, muy bien!" ¿Y qué sucede después?

Cuando el sonido entra en contacto con el oído, una vibración entra en contacto con otra vibración, y una nueva vibración se produce en todo el cuerpo, como cuando golpeas el gong: la vibración nace en el punto donde has golpeado, pero se expande en seguida por toda la superficie del gong. De igual manera, el sonido ha entrado en contacto con el oído, pero se expande hacia todo el cuerpo, bajo la forma de un flujo de vibraciones sutiles y neutras, que atraviesa todo el cuerpo, de la cabeza a los pies. Y cuando la segunda parte de la mente, la percepción, la imaginación, dice: "Son insultos, no me gustan nada", entonces, esas vibraciones neutras, se vuelven muy desagradables. Si, por el contrario, la evaluación es positiva, dirá: "¡Son alabanzas!, ¡maravilloso!" y las vibraciones neutras

---

sobre o dentro del cuerpo (al interior) y sus objetos (visión, olor, etc.) en el exterior. Como se ha indicado antes, ellos van a la par: los objetos exteriores sólo existen para nosotros cuando entran en contacto con sus órganos sensoriales respectivos. Por otra parte, se habla a menudo de las seis esferas sensoriales, que incluyen "interior" y "exterior".

94. Se trata de los cinco agregados que constituyen la mente y el cuerpo físico (ver Segundo día, nota 25). El agregado del cuerpo, por medio de uno de sus sentidos, hace entrar en juego la mente (los otros cuatro agregados: la conciencia [*viññāṇa*], la percepción [*saññā*], la sensación [*vedanā*], la reacción mental [*saṅkhāra*]), comenzando por movilizar la conciencia.

se vuelven muy agradables. Aquí interviene la tercera parte de la mente, la sensación (*vedanā*),[95] cuya función es sentir las sensaciones de cualquier tipo: sensaciones agradables, sensaciones desagradables o sensaciones neutras. Esa es su función. Luego, inmediatamente después de que las sensaciones son sentidas, entra en juego la cuarta parte de la mente, la reacción (*saṅkhāra*): "¿Sensaciones desagradables? No me gusta." Y se genera aversión.[96] Pero, si las sensaciones que circulan por el cuerpo son agradables, la cuarta parte de la mente dice: "Quiero más, quiero más", y se produce la avidez.

Superficialmente, parece como si la reacción de avidez o aversión fuera hacia el objeto exterior, palabra, forma, color, olor o contacto, pero la enseñanza del Buda nos permite ir de este nivel de realidad aparente (*paññatti*) hasta la realidad profunda de las cosas (*paramatha*), que es totalmente diferente. Practicando su enseñanza, nos queda claro que la reacción de avidez o de aversión no depende de los elogios o insultos, puesto que hay un intervalo entre las palabras y la reacción. Y ese intervalo es la sensación (*vedanā*), que es agradable si nos elogian, o desagradable si alguien nos insulta. Y esto es precisamente lo que el Buda descubrió.

Gracias a la experiencia, cada palabra del Buda nos resulta clara:

Los seis sentidos dan lugar al contacto.[97]

Saḷayatana paccayā phasso.

[Es decir, al contacto de los ojos, oídos, nariz, lengua, cuerpo, hay una sensación agradable o desagradable]

---

95. Ver Segundo día, notas 18 y 23.

96. Se trata de la aversión generada hacia las sensaciones desagradables sentidas en el cuerpo, no de la aversión hacia las palabras mismas.

97. Es este eslabón entre la sensación y la avidez o la aversión, lo que es propio de la enseñanza del Buda.

Basado en el contacto surge la sensación. Phassa paccayā vedanā.

Basado en la sensación surge el deseo. Vedanā paccayā taṇhā.[98]

Observa que no dice: *basado en los seis sentidos surge el deseo (avidez o aversión), sino basado en los seis sentidos surge el contacto.*

Observa la diferencia: todos los maestros de la India que precedieron al Buda, todos los que enseñaron en su época y después de él, no dejaron de explicar que hay que estar muy atento a no reaccionar a los objetos de los sentidos, a no deleitarse ni sucumbir ante ellos. La enseñanza del Buda afirma igualmente que debemos evitar sucumbir. Pero ¿a qué nivel? Al nivel de las sensaciones. Ante un *vedanā* agradable, no reacciones con avidez; ante un *vedanā* desagradable, no reacciones con aversión. Debes cavar hasta la raíz de tus impurezas mentales. Si te quedas en la superficie de la mente, no podrás liberarte. Los volcanes dormidos (*anusayakilesa*), tus reacciones mentales habituales (*saṅkhāra*), se quedarán enterradas debajo de la superficie de la mente.

En la profundidad,[99] la mente siente sensaciones a cada instante, día y noche, tanto en estado de vigilia como durante el sueño. A cada instante, una sensación sucede a otra y nuestra mente loca no cesa de reaccionar: avidez, aversión, avidez, aversión. A un nivel consciente te dices: "no, no siento avidez, no siento aversión." Pero si observas en profundidad, constatarás que a cada instante produces avidez o aversión, a cada instante hay alguna sensación,

---

98. *Paṭicca Samuppāda*, "Saṃyutta Nikāya", Sutta Piṭaka, Tipiṭaka.

99. S. N. Goenka distingue aquí las sensaciones físicas evidentes que podemos percibir fácilmente y de las cuales podemos constatar nuestra reacción con facilidad, de la realidad a un nivel más profundo que descubrimos con la práctica de Vipassanā: el hecho de que estas sensaciones y la reacción a las sensaciones, son un fenómeno ininterrumpido que tiene lugar a nivel del inconsciente, la parte profunda de la mente.

agradable o desagradable y reaccionas ante ella. Pongamos un ejemplo. Estás dormido, profundamente dormido; un mosquito te pica. Tu mente consciente no lo sabe. Pero la parte más profunda de tu mente está en contacto constante con las sensaciones corporales. Un mosquito te ha picado, se produce una sensación desagradable. La parte de la mente que reacciona a las sensaciones, a la que llamamos *saṅkhāra*, inmediatamente dice: "no me gusta esto" y va a cazar al mosquito, incluso puede hacer que lo mates. Más tarde, sentirás de nuevo una sensación desagradable y esta vez tu reacción será rascarte.

Comprende que esto sucede en un nivel muy profundo de la mente; el nivel superficial o consciente de la mente no se da cuenta de nada de esto. Si por la mañana alguien te pregunta: "¿Cuántas veces te picaron los mosquitos anoche?" No lo sabes porque dormías profundamente. Pero la parte más profunda de la mente no duerme jamás, permanece despierta a las sensaciones corporales 24 horas al día, y reacciona ante ellas continuamente.

¿Y qué pasa si no soy un meditador de Vipassanā? Supongamos que estoy hablando. Estamos en el nivel superficial de la mente, lo que el Buda llama *parittacitta* y que en Occidente decimos mente consciente,[100] y que representa, de hecho, una parte muy pequeña de la mente que está realmente funcionando. Yo hablo, y mi *parittacitta* no deja de pensar, mi intelecto no deja de pensar: "ya he hablado lo suficiente, ahora debo concluir." Y lo que ocupa ahora a mi intelecto es cómo concluir: "debería decir esto, o aquello." O bien, después de percatarse de la expresión del auditorio, se pregunta: "¿Estarán comprendiendo lo que digo o no? ¿Los estoy aburriendo? ¿Se han puesto a mirar sus relojes? En este caso será mejor que termine pronto."

---

100. El consciente o nivel consciente de la mente. S. N. Goenka utiliza aquí la terminología de la psicología occidental. Pero cuando habla de "la conciencia, *viññāṇa*", hace referencia a uno de los cuatro procesos mentales o agregados de la mente (ver Segundo día, notas 23 y 25).

Todo ese proceso constituye el trabajo de la superficie de la mente, la *parittacitta*, pero la parte más profunda de la mente no tiene nada que ver con esto, ella está en contacto con las sensaciones corporales: después de una media hora sentado, el peso de mi cuerpo ejerce una presión sobre la espalda y a causa de esta presión se manifiesta un dolor. La parte de la mente que evalúa las sensaciones, *saññā*, dice: "¡no me gusta!", e inmediatamente surge la aversión. Entonces extiendo un poco mis piernas para apaciguar el dolor, y continúo hablando. Después de un rato, otra tensión se hace sentir y me muevo otra vez sobre mi asiento... observa a alguien en esta situación durante unos quince minutos: ¿cuántas veces se moverá de esta manera? El pobre ni siquiera tiene conciencia de lo que está haciendo, pero la parte profunda de su mente no cesa de reaccionar constantemente a las sensaciones.

Es esta actividad permanente de la mente excitada por las sensaciones lo que el Buda descubrió. Por eso, para comprender lo que enseñó, es necesario trabajar al nivel de las sensaciones. Debemos ir hasta el nivel más profundo de la mente, allí donde se encuentran estos volcanes dormidos, estos hábitos obstinados, esas reacciones continuas ante las sensaciones que se repiten de una vida a la otra.

Podemos leer todas las escrituras, podemos pasar todo el tiempo comentando el Dhamma... Si no practicamos, no servirá de nada, en absoluto. El Buda desea que comprendamos las cuatro Nobles Verdades: el sufrimiento, la causa del sufrimiento, la cesación del sufrimiento, y el camino que conduce a la cesación del sufrimiento. Pero las cuatro deben ser experimentadas.

En el *Dhammapada*, el primer libro que mi maestro me dio para leer se dice:

La mente precede a cualquier fenómeno,
La mente es lo más importante, todo está hecho por la mente.
Si hablas o actúas con una mente impura,
El sufrimiento te seguirá como la rueda del carro sigue al buey que lo arrastra.

Manopubbaṅgamā dhammā, Manoseṭṭhā manomayā.
Manasā ce padutthena bhāsati vā karoti vā,
Tato naṃ dhukkhamanaveti cakhaṃ vā vahato padaṃ[101]

Cada una de estas palabras se hace evidente cuando se ha practicado la meditación Vipassanā. El Buda alcanzó las profundidades a las que nadie antes había llegado. Comprendió que la mente es lo primero, su carácter determinante. Podemos intentar mejorar nuestras acciones físicas, podemos intentar mejorar nuestras acciones verbales,[102] sin embargo, no podremos alcanzar la meta final de la iluminación sin mejorar las acciones mentales.

El Buda fue el primero en dar tanta importancia a la mente. Todo es *manomayā*, todo lo que experimentamos en este mundo, el mundo entero, es creación de nuestra mente. Entonces, si decimos o hacemos algo con una mente impura, generaremos aversión, avidez. Contaminamos aún más nuestra mente. ¿Y qué pasará entonces? El sufrimiento no deja de perseguirnos, como la rueda del carro sigue irremediablemente al buey unido a ese carro.

Esto es muy sencillo de comprender en un nivel superficial, pero cuando se observan las cosas en profundidad gracias a la práctica de Vipassanā, se hace realmente evidente. *Dukkha*, el sufrimiento, está presente a lo largo de toda la vida; y no solamente en esta vida, sino vida tras vida. El buey camina y la rueda lo sigue en cada uno de sus pasos porque él la

101. Dhammapada, verso 1, "Khuddaka Nikaya", *Sutta Piṭaka, Tipiṭaka.*

102. S. N. Goenka hace alusión aquí a la manera en que las diferentes acciones humanas pueden ser mejoradas: las acciones físicas son mejoradas con una conducta ética, las acciones verbales son mejoradas diciendo únicamente palabras positivas o que no dañen a nadie, las acciones mentales son mejoradas teniendo pensamientos de benevolencia, una volición positiva hacia los demás. La práctica de Vipassanā permite purificar las acciones mentales eliminando las reacciones de avidez y aversión y dando lugar al amor benevolente que se desarrolla entonces naturalmente en una mente pura.

arrastra; de igual modo, a cada instante sientes una sensación u otra, y por ignorancia y a causa de viejos hábitos mentales, reaccionas. Avidez, aversión: tu mente se contamina. Y cuando tu mente se contamina se produce el sufrimiento: eres el esclavo de tus viejos hábitos mentales, y sufres a cada instante.

El Buda nos dice que a la inversa:

Si actúas a nivel mental o físico con una mente pura,
Entonces la felicidad no dejará de perseguirte como tu sombra.

Manasā ce pasannena bhāsati vā karoti vā,
Tato nam sukkhamanveti chāyā va anupāyinī.[103]

¡Estas palabras también se hacen luminosas si se practica Vipassanā! Cada instante en que no generas ni avidez ni aversión, eres feliz. Si en el nivel más profundo de tu mente sientes una sensación, agradable, desagradable o neutra, y comprendes que todo es impermanente, *anicca*, y tu mente permanece en estado de ecuanimidad, entonces se mantiene equilibrada y no hay sufrimiento. Te sientes muy feliz. Y cuanto más logras no reaccionar a las sensaciones, más se afianza este nuevo hábito mental. No reaccionas con avidez por más agradable que sea la sensación; no reaccionas con aversión por más desagradable que sea la sensación. La vieja costumbre era una costumbre de sufrimiento; de ahora en adelante se ha convertido en una costumbre de liberación, de felicidad.

Cuando actúas con una mente impura no sólo sufres aquí y ahora, sino que continuarás sufriendo en el futuro, vida tras vida. ¿Por qué? Porque la mente se ha vuelto esclava de esta costumbre; continúa generando avidez y aversión, vida tras vida, a cada instante.

Se lamenta ahora,
Se lamentará en el futuro,
En ambos mundos se lamenta
aquel que actúa con una mente impura.

---

103. Dhammapada, verso 2, "Khuddaka Nikāya", *Sutta Piṭaka, Tipiṭaka.*

Idha tappati,
Pecca tappati,
Pāpakāri ubhayattha tappati.[104]

Pero cuando realizas buenas acciones mentales, cuando no reaccionas ante las sensaciones ni con avidez ni con aversión, ¡ah! Te encontrarás en un estado mental maravilloso, apacible, lleno de felicidad y de armonía.

Y así, ahora, con ese estado mental de instante en instante, constatas que esta vida y todas las vidas futuras están llenas de armonía, de felicidad.

Se regocija en esta vida,
Se regocija también en el más allá,
En ambos mundos se regocija aquel
que actúa con una mente pura.

Idha nandati,
Pecca nandati,
Katapuñño ubhayattha nandati.[105]

Lo repito una vez más: debo haber realizado una muy buena acción en el pasado, debo haber tenido muy buenos *parāmī*, que me han hecho nacer en este país. Si hubiese nacido en alguna otra parte, gracias a las relaciones de mi familia hubiera podido ganar muchísimo dinero, hubiera podido ser multimillonario. Tal vez hubiera ganado mucho más de lo que gané en Birmania, pero no habría recibido el Dhamma. Porque en ninguna otra parte se encuentra la técnica de meditación Vipassanā en un estado tan puro. Se enseñan distintas técnicas de Vipassanā[106] por todas partes en el mundo, y yo no estoy aquí para condenar otras técnicas, pero debo

104. Dhammapada, verso 17, ibid.

105. Dhammapada, verso 18, ibid.

106. Existen otras técnicas de meditación llamadas igualmente Vipassanā, pero éstas pueden diferir sensiblemente de la meditación Vipassanā tal como es enseñada por S. N. Goenka en la tradición de Sayagyi U Ba Khin. La importancia dada a las sensaciones es notablemente menor en las otras técnicas.

decir que encuentro que ninguna llega hasta las profundidades a las que el Buda quería que llegásemos.

Con ardor, permanece atento a cada instante a la aparición y desaparición de las sensaciones, desarrolla su sabiduría con esta comprensión de su carácter impermanente.

Sampajaññam na riñjati atapi sampajano satimā.[107]

A cada instante debemos estar conscientes y atentos de nuestras sensaciones que aparecen y desaparecen. Si estás atento y al mismo tiempo mantienes una comprensión constante de su impermanencia, desarrollarás tu sabiduría (*paññā*): consciente de las sensaciones, pero sin reaccionar; si caminas, si estás sentado o acostado, si bebes..., cualquier cosa que hagas, permaneces todo el tiempo consciente de la naturaleza impermanente de las sensaciones, a cada instante estás atento a lo que sucede en tu interior.

Permanecer en la comprensión constante de la impermanencia (*saṃpajañña*): esta enseñanza del Buda, en toda su pureza, no estaba disponible más que aquí, en Birmania.

¡Estoy tan agradecido a esta tierra del Dhamma, a mi padre en el Dhamma que me transmitió la técnica de Vipassanā! De otra manera hubiera continuado jugando juegos intelectuales en el nombre del Dhamma, dando conferencias sobre nuestro *Bhaghavad-Gita*, que es magnífico, o sobre el *Abhidhamma.*[108] Tengo mucho respeto por la comunidad monástica de este país: siglo tras siglo esta saṅgha ha mantenido el

107. Estas palabras del Buda resumen la enseñanza de la técnica de Vipassanā. Esta atención llevada hacia la aparición y desaparición de las sensaciones debe mantenerse en todas las posiciones del cuerpo: caminando, sentado, acostado, bebiendo.

Mahāsatipatthanāsutta, Digha Nikāya, Sutta Piṭaka, Tipiṭaka.

108. El *Abhidhamma Piṭaka*, que significa literalmente "Recopilación de las Enseñanzas Superiores del Dhamma", es la tercera y última gran parte del *Tipiṭaka*. Es un conjunto de textos que tratan las enseñanzas del Buda bajo una forma analítica muy avanzada y describe al detalle el funcionamiento de los cinco agregados que constituyen la mente y la materia.

conocimiento teórico de la enseñanza del Buda en su integridad,[109] en su pureza original. Aquí me he encontrado dos mil quinientos monjes, instruidos, de diferentes países, que estudian las escrituras.[110] Si hay tan poca diferencia entre las versiones tailandesa, birmana, cingalesa o camboyana de la enseñanza, aun cuando han pasado veinticinco siglos desde que el Buda dio su enseñanza, es gracias a estos monjes y a todos aquellos que los han precedido, que han conservado y transmitido fielmente los textos originales. Debemos estar muy agradecidos hacia ellos por haber mantenido el conocimiento teórico de la enseñanza del Buda en su pureza original. Y también debemos estar agradecidos con los maestros que han mantenido la práctica en su pureza original, transmitiéndola de generación en generación. Es así como podemos recibirla hoy en su prístina pureza.

Si hubiese nacido en este país sin conocer a Sayagyi U Ba Khin, habría malgastado mi vida. Muy felizmente lo conocí. Él enseñaba la meditación Vipassanā en su pureza original, y con una compasión infinita, sin esperar nada a cambio. Era una persona verdaderamente desapegada, alguien muy difícil de encontrar. Cumplía con todos los deberes de su cargo de alto funcionario[111] y difundía el Dhamma por amor, para ayudar a quien sufría a liberarse de su sufrimiento:

---

109. S. N. Goenka hace referencia aquí a la diferencia entre pariyatti, el conocimiento teórico de la enseñanza del Buda, conservado en el *Tipiṭaka*, y *paṭipatti*, la práctica de la enseñanza del Buda que constituye la meditación Vipassanā.

110. Desde la desaparición del Buda, hace 2500 años, los monjes de diferentes comunidades budistas se han encontrado en seis concilios con el fin de recitar el conjunto de las enseñanzas del Buda contenido en el Tipiṭaka y de verificar el carácter canónico de las enseñanzas conocidas. El primer concilio se realizó en Sri Lanka en el 29 A.C. y fue el momento de poner el canon por escrito. El último concilio se llevó a cabo en Rangoon en 1954 y se reeditó el Tipitaka después de un trabajo de dos años. U Ba Khin participó activamente en la organización.

111. Ver al final de la obra la reseña sobre la cadena de los principales

Para el beneficio de muchos, para la felicidad de muchos, con compasión hacia el mundo.

Bahujanahitāya, bahujanasukhāya, lokānukampāya.[112]

Ese era su único fin.

Tuve mucha suerte de conocer una persona así. Es cierto que se encuentran gurús por todas partes, pero todos buscan el poder, el prestigio, el respeto. Él no esperaba nada. Gracias a mi encuentro con él, gracias a mi encuentro con el Dhamma, un nuevo Goenka pudo nacer en su centro.

Estamos terminando estos tres días de conferencias, y un recuerdo de hace cincuenta años me viene a la memoria - ¡cincuenta años es mucho tiempo! - Yo había sido admitido aquí, en esta universidad, después de mi bachillerato. Y me instalé allí, en uno de aquellos edificios. Pero solo pasé tres días en ese lugar. Tres días, nada más. Ahí se terminaron mis estudios universitarios. Problemas familiares me obligaron a dejarlos. Hoy, cincuenta años después, impartiendo estas conferencias sobre el Dhamma, me siento muy feliz de poder manifestar mi gratitud por esos tres días vividos aquí. Durante tres días pude aprovechar las enseñanzas mundanas que me han sido muy útiles en mi vida; y durante tres días he pronunciado estas tres conferencias para presentar la meditación Vipassanā.

Les he dicho a los estudiantes, profesores y empleados de esta universidad: "Está muy bien que esta sala se utilice para transmitir la sabiduría adquirida por otros, *suta-mayā paññā*, y para transmitir la sabiduría adquirida por medio del intelecto, del examen racional, *cintā-mayā paññā;* pero debería igualmente utilizarse para transmitir la sabiduría adquirida por la experiencia, *bhāvanā-mayā paññā*." En India, donde la enseñanza del Buda se había perdido completamente, muchas personas toman hoy conciencia de la belleza de

---

maestros de meditación Vipassanā.

112. Esta cita tiene muchas apariciones en los sutta del Buda, se la encuentra particularmente en *ānandayācanakathā, Saṃyutta Nikāya, Sutta Piṭaka, Tipiṭaka.*

Vipassanā, y algunas escuelas han decidido que los alumnos, cada mañana, al llegar, practiquen diez minutos de *anāpāna*, la observación de la respiración. En algunas se hace dos veces al día, antes y después de clases. Esto ha dado maravillosos resultados. Pues, como explico a menudo, el Dhamma es un arte de vivir. Nos enseña a vivir en paz y armonía en el interior, pero también a proyectar paz y armonía hacia el exterior, hacia los demás. Cuando se comienza a practicar, es posible que algunos tomen caminos errados, y que otros lleven una conducta no conforme a la ética. Pero, a pesar de esto, toda nuestra vida empieza a cambiar.

Investigaciones realizadas para medir el impacto de la práctica de Vipassanā en estudiantes de estudios superiores, muestran que les ayuda enormemente a tener éxito en sus estudios, porque cuanto más clara se hace la mente, más aumenta su capacidad de comprensión. Cuando la mente está libre de confusión, resulta mucho más fácil ir a la raíz de un problema, profundizar en él y encontrar una solución. También se ha comprobado que la práctica de Vipassanā alivia a estudiantes que son extremadamente ansiosos y que podrían llegar a fracasar en un examen previamente bien preparado. En estos casos, se les propuso el siguiente entrenamiento: "Antes de leer el tema a tratar, concentrad la mente aquí, en la pequeña zona situada justo debajo de la nariz y por encima del labio superior,[113] durante dos minutos. Observad el aire que entra, el aire que sale." La mente se calma. Y cuando el estudiante lee el tema, todo se le presenta más claro, se acuerda de todo, y obtiene buenos resultados. En realidad, el Dhamma se ocupa de cosas que van más allá del mundo material, pero también nos ayuda en el dominio de lo mundano. El Dhamma ayuda a todos y cada uno.

Estoy feliz de que estas conferencias sobre el Dhamma hayan sido organizadas en la Universidad de Rangoon. He pagado mi deuda con ella. Ahora quisiera pagar mi deuda

113. Ver Primer día.

con el país entero, compartiendo los méritos[114] que he acumulado desde hace más de veinte años, enormes *parāmī*: en efecto, miles y miles de personas en el mundo han recibido el Dhamma puro y se han puesto a practicar.

Esto ha cambiado sus vidas y lentamente, paso a paso, los ha animado a caminar hacia la meta. Son grandes los méritos que he adquirido así.

Quiero compartir mis méritos con todos los habitantes de este país del Dhamma. Que mis hermanos y mis hermanas puedan todos compartirlo, y así salir de sus sufrimientos.

¡Que el país entero crezca en el Dhamma! ¡Que todos sus habitantes gocen de paz y de armonía! ¡Que la paz, la armonía y la prosperidad reinen en el país! ¡Que todos los seres sean felices!

Preguntas y repuestas

Pregunta: ¿Se puede pasar directamente a la etapa de observación de los contenidos mentales (*dhammānupassanā*) sin pasar por la etapa de atención a la respiración (*ānāpāna*)?

S. N. Goenka: No condenamos otras técnicas. Hay muchas técnicas posibles: una puede hacernos comenzar aquí, otra puede hacernos comenzar allá, otra más allá, pero se debe alcanzar una etapa donde se experimentan la aparición y la desaparición de las sensaciones. Dices haber comenzado a observar los contenidos mentales: sin embargo, si no sientes al mismo tiempo las sensaciones que aparecen y desaparecen, no has alcanzado verdaderamente la etapa de la observación de los contenidos mentales (*dhammānupassanā*). Debes continuar trabajando, y, aunque te puede tomar algún tiempo, sentirás las sensaciones que aparecen y

---

114. Se trata de compartir méritos o *parāmī* (ver Segundo día, nota 10) que se han adquirido por nuestras buenas acciones. Es una práctica corriente en los países budistas el "compartir sus méritos" con el prójimo. Las palabras de S. N. Goenka no tienen entonces nada de sorprendente para el auditorio birmano.

desaparecen. Comprende que la aparición y la desaparición deben ser experimentadas, y eso sólo es posible gracias a las sensaciones (*vedanā*); si no, se tratará solamente de una aceptación intelectual. La ira surgió y desapareció, pero no lo has experimentado; cuando sientes la sensación sí lo has experimentado. El Buda quiere que experimentemos la sensación, que alcancemos esa etapa; por eso, sea cual sea el punto de partida, el objetivo es el mismo. Se puede comenzar por aquí o por allá; yo, por mi propia experiencia, encuentro que si comienzas por *ānāpāna, en* tres días comenzarás a sentir las sensaciones que aparecen y desaparecen.

P.: El Buda nos ha enseñado cómo salir del sufrimiento. ¿Por qué entonces hay tanto sufrimiento en el mundo?

G.: Podemos aceptar lo que el Buda ha dicho, pero si no lo practicamos, su enseñanza no nos ayuda en nada. Mientras no pongamos en práctica sus palabras, seguiremos sufriendo. La ley de la naturaleza es así.

P.: ¿Qué sucede cuando uno muere?

G.: *Yathā-bhūta*, la realidad tal y como es. Cuando muera seré capaz de decir lo que sucede; por el momento no puedo decir nada. Pero una cosa es segura: la vida que comienza con el nacimiento y que se termina con la muerte no es todo. Hay un flujo ininterrumpido, que continúa incluso después de nuestra muerte. Puede llevarte en la buena dirección o en la mala. Pero la vida humana es de tal naturaleza que puedes cambiar la dirección de ese flujo. Las otras formas de vida, la de los animales, por ejemplo, no tienen esta capacidad. La naturaleza ha dado sólo al ser humano la capacidad de ir hasta las profundidades de la realidad y de cambiar la dirección del flujo de la vida.

P.: Usted dice que tiene suerte de haber nacido en esta tierra del Dhamma. ¿Esto quiere decir que los que han nacido en países donde el budismo no es practicado tienen menos suerte?

G.: Ciertamente. Si las personas no conocen el Dhamma puro, ¿cómo se puede decir que tienen suerte? Pueden poseer bienes considerables, ser extremadamente ricos, pero esto no les proporcionará paz ni felicidad verdaderas. Cuando descubren y practican el Dhamma, encuentran la paz y la armonía y logran el propósito de la vida. De esta manera, las personas que viven en países no budistas, pero encuentran el Dhamma, tienen suerte. El problema es que, en esos países, el Dhamma puro ha desaparecido por completo. En cambio, aquí ha sido preservado y por eso digo que este país tiene mucha suerte.

P.: ¿Qué beneficios se pueden esperar de la práctica de la meditación Vipassanā?

G.: Todos los beneficios posibles, tanto materiales como beneficios que van más allá del mundo material. Como decía antes, es una manera de vivir que te hace más feliz, te proporciona paz, y armonía y te incita a producir paz y armonía alrededor de ti. Vives mucho mejor si practicas este arte de vivir. Pero además te conduce a la meta donde te liberas de todo sufrimiento. Por eso hablé de los estudiantes: tienen toda la vida por delante, y, si aprenden la técnica desde ahora, vivirán toda su vida en paz y armonía. Otro ejemplo es el de los adictos. Yo no sé cuál es la situación aquí, pero en la mayoría de los países, en las grandes ciudades, muchas personas muy jóvenes sufren la dependencia a las drogas. Vipassanā es muy eficaz: en muchos cursos, los adictos dejan de serlo; y los que empiezan a practicar muy pronto dejan de tomar drogas.

P.: ¿Vipassanā puede hacer que no se sufra cuando se siente un dolor?

G.: Sí, por ejemplo, si se te rompe una la pierna y sientes un fuerte dolor, la fractura está ahí, el dolor también, pero gracias a Vipassanā, conservas la sonrisa. Les pasa a muchos Occidentales que vienen a mis cursos. No están acostumbrados a sentarse en loto, les resulta muy difícil, y sienten mucho dolor. Pero después de un curso o dos, a veces tres, dicen: "Ahora comienzo a apreciar este dolor." El dolor está ahí, pero saben cómo soportarlo, saben que es impermanente (*anicca*), que va a pasar tarde o temprano. Mantén una mente ecuánime y sabrás la diferencia entre sufrimiento y dolor.

P.: ¿El *Nibbāna* puede transformarse en una adicción o es sólo un hábito?

G.: (*Risa*) El *Nibbāna* no es algo de lo que se pueda discutir, no se puede explicar con palabras. Se encuentra más allá de los seis sentidos, y solo se experimenta cuando éstos dejan de funcionar.[115] Quien conoce esta experiencia y vuelve ¡no puede hablar de ella! Es como si en un mundo de tres dimensiones, alguien ha visto la cuarta dimensión. ¿Qué puede decir? "He visto la cuarta dimensión"

¿Cómo comprenderlo? Es un ejercicio inútil hablar sobre el *Nibbāna*. Es un estado que debe experimentarse.

P.: El *Nibbāna* parece ser un lugar lleno de felicidad. ¿Nos da algún poder mágico?

G.: ¡No, no, no! El *Nibbāna* es supramundano, no mundano. Está más allá de lo manifestado, no es de este mundo. Puedes tener algunas experiencias durante el camino que te darán la impresión de haber llegado. Y te sentirás entusiasmado, exclamarás: "¡He llegado al *Nibbāna*, es un estado maravilloso, extraordinario!" Pero si tu maestro es un buen maestro te dirá: "No, no es el *Nibbāna*; continúa, continúa un poco más." Cuando experimentes verdaderamente el *Nibbāna* permanecerás silencioso. No podrás describirlo, sólo experimentarlo.

P.: El *Nibbāna* ¿es una experiencia externa o una experiencia interna?

---

115. S. N. Goenka indica aquí que durante el período en que la mente está inmersa en el *Nibbāna*, que puede durar algunos segundos o minutos, los seis sentidos dejan de funcionar.

G.: Interna. No es algo que se produce en el exterior sino en tu interior. Los treinta y un planos del universo, todos los *loka*, están en tu interior, la causa de estos *loka* está en tu interior, la desaparición de los *loka* está en tu interior, y la causa de esta desaparición también. Los cuatro están en el interior del cuerpo, nada está afuera.[116]

P.: ¿Piensa usted establecer su centro de meditación en Myanmar?

G.: (*Risa*) "Mi" centro de meditación no existe. Un centro de Vipassanā es un centro de Vipassanā, un centro del Dhamma. No un centro de Goenka, ni un centro de U Ba Khin. Y no pertenece al maestro sino a los estudiantes. Todos los centros que existen hoy en día en el mundo han sido creados por estudiantes que han descubierto la técnica a lo largo de un curso, y han deseado que los habitantes de su país se beneficien. Goenka va allí y enseña, y varios de los numerosos profesores asistentes también van. Aquí, en la tierra del Dhamma ya tenemos un centro, el IMC,[117] que es maravilloso, pero muy pequeño. Si muchas personas están interesadas en la práctica, los estudiantes establecerán otro centro del Dhamma. No Goenka.

P.: ¿Hay diferencias entre las preguntas que le hacen los budistas y las que le hacen las personas de otras religiones?

G.: (*Risa*) Sí, ciertamente; hay algunas diferencias, porque cada religión tiene su propia filosofía, sus propios dogmas y creencias. Pero cuando se comienza a discutir de todo esto yo digo: "¡Nada de discusiones! Estoy aquí para enseñarles una técnica. Hagan un intento sincero durante diez días, trabajen exactamente como se les pide, y después vengan a hablar

---

116. Según la enseñanza del Buda se puede experimentar la totalidad de la ley de la naturaleza, el Dhamma, en la estructura del cuerpo.

117. El Internacional Meditation Center (IMC) fue fundado en Birmania por Sayagyi U Ba Khin.

conmigo." De otra manera, los diez días estarán ocupados en discutir mi filosofía o la tuya, ¿existe un *attā*?

¿No existe?, etc. Eso sólo trae confusión. Es mejor practicar y luego venir a preguntarme. Pero, después de la práctica, ya verán, no hay más preguntas porque se comprende todo. Sólo cuando no se practica se formulan todas estas preguntas filosóficas.

P.: Hombres y mujeres, adultos y jóvenes, ¿quién mejora más gracias a Vipassanā?

G.: Yo digo que es un arte de vivir; y debería comenzar a temprana edad; muchas personas piensan a veces: "Esta meditación y todo lo demás lo practicaremos cuando seamos viejos; ahora hay que ganar dinero, vivir nuestra vida." No, eso es totalmente erróneo. Esto debe comenzar al principio de la vida. Ahora, en Occidente, a propósito de Vipassana, se comienza a comprender de la siguiente manera: esta técnica debería ser enseñada antes del nacimiento, la madre debería practicar cuando está embarazada para que el niño tenga una semilla de Vipassanā y sea un bebé del Dhamma. Ahora en Occidente, en todos los cursos hay una, o dos, o cinco mujeres embarazadas aprendiendo la técnica, con la intención de tener un bebé del Dhamma. ¡Y eso les da mucha felicidad! Vipassanā debe comenzar antes del nacimiento.

P.: ¿Hay entre sus discípulos, alguno que haya experimentado el *Nibbāna*?

G.: En esta tradición, felizmente, no se otorgan certificados. Decir: "Eres *sotāpanna*, el que ha entrado en la corriente, eres *sakadāgāmī*, eres *anāgāmī*,[118] has pasado por tal o cual experiencia del estado de *Nibbāna*", no tiene lugar. El Dhamma no pide certificados: es tu forma de vida lo que atestiguará que has cambiado, porque si te has vuelto *sotāpanna*, no harás absolutamente nada de lo que una persona ordinaria

---

118. S. N. Goenka nombra aquí los tres estados principales de aquellos que han experimentado el *Nibbāna* y que preceden el estado de *arahant*, ser totalmente liberado que no volverá a nacer.

haría. Continúa, practica, eso es mucho más importante que dar títulos a las personas.

P.: ¿Cuáles son las características de un *sotāpanna?*[119]

G.: Según las escrituras, es alguien que se ha liberado de las tres primeras ataduras, la creencia en un yo, la duda y el apego a los ritos y las normas. Pero, por mi parte, examino si un cambio se ha producido o no en su vida. Si pretende haberse liberado de los tres apegos, pero no ha cambiado, yo no le doy mucha importancia, porque tal vez se trata de una ilusión. Si realmente se ha vuelto un *sotāpanna*, será un santo de ahora en adelante, y esto debe ser visible a través de grandes cambios en su vida.

P.: ¿Cuál es en la práctica el camino más corto para alcanzar el estado de *sotāpanna*?

G.: ¡Quisieras un *Nibbāna* instantáneo como el café! (*Risa*). Eso depende: si una persona ha acumulado grandes méritos en el pasado, puede ser verdaderamente instantáneo. Cuando era estudiante junto a Sayagyi, esta pregunta me perturbaba también, porque en las escrituras, el Buda dice que la observación de las sensaciones es el único camino para alcanzar la meta. Y, sin embargo, a ciertas personas en la época del Buda les era suficiente escuchar sus sermones para volverse *sotāpanna*, o alcanzar otro estado... Hay que comprender que estas personas acumularon muchísimos méritos (*parāmī*) en el pasado y estaban destinados a nacer en la época donde el Buda estaba presente. Cuando escucharon

119. Quien ha alcanzado el estado de *sotāpanna*, que significa literalmente "entrar en la corriente", es decir la corriente del *Nibbāna*, tiene a lo sumo siete vidas por delante (contando la vida actual) antes de alcanzar la liberación. No renacerá en ninguno de los infiernos. Se considera que ha realizado las Cuatro Nobles Verdades. Ha eliminado la creencia en un "yo" (*anattā*), la duda sobre el camino que permite alcanzar la liberación (ha tenido una primera experiencia del *Nibbāna*), así como el apego a los rituales y creencias, o sea, las tres primeras de las diez ataduras.

uno de sus sermones, una corriente comparable a un flujo eléctrico invadió sus cuerpos, experimentaron el proceso continuo de aparición y desaparición de las sensaciones y accedieron instantáneamente al estado de disolución, *bhaṅga*, a la conciencia de la impermanencia. He conocido a personas de este tipo en Occidente y en India que en algunos casos no sabían nada de budismo. De cualquier manera, el camino es el mismo para todos: cada uno debe experimentar *anicca* en su interior y purificarse para alcanzar el *Nibbāna*; y esta purificación, sencillamente, lleva más o menos tiempo. No hay magia, no hay milagro.

P.: ¿Podría usted explicar la ecuanimidad? Si no tengo los medios materiales para ayudar a un pobre, ¿Puede la ecuanimidad proporcionarle algún sustento?

G.: Sí. Llorar porque alguien sufre no es Dhamma. Mantén el equilibrio de tu mente: alguien sufre, intenta ayudarlo como te sea posible, y si no lo puedes ayudar, intenta al menos generar pensamientos, vibraciones de amor desinteresado, *mettā*: "Que puedas salir de tu miseria", ten compasión por él, *karuṇā*, *mettā*, *karuṇā*, es todo. Pero no te pongas a llorar porque has visto a un pobre: eso querrá decir que has perdido la ecuanimidad, y eso no lo ayudará en nada.

P.: ¿No piensa usted, sin embargo, que es muy egoísta reaccionar a la miseria que vemos a nuestro alrededor con ecuanimidad? ¿Hasta qué punto hay que practicarla?

G.: "Ecuanimidad" no significa "indiferencia". Este término está muy mal comprendido. Ecuanimidad no es decirle a un infeliz: "Vete al diablo, sufres a causa de tu *karma*, no me interesa." Eres ecuánime si logras conservar el equilibrio de tu mente, si no desarrollas ni avidez ni aversión hacia lo que sea. ¿Cómo ayudar a alguien de otra manera? Si sientes deseo o aversión, envidia o ira, te estás haciendo daño.

¿Cómo un enfermo podría ayudar a otro enfermo? Debes mantener un perfecto equilibrio en la mente, un equilibrio lleno de amor. Cristo hablaba de "santa indiferencia".

P.: ¿Qué sugiere usted a los que a causa de las obligaciones no disponen de diez días para hacer un curso de meditación Vipassanā, pero quisieran practicar según su tiempo y posibilidades?

G.: Según mi experiencia, basada en la de miles de estudiantes en el mundo, son indispensables al menos diez días de curso. Diez, para comenzar. Esa es tu preparación. ¡No significa que en diez días serás perfecto! Pero si comienzas a trabajar únicamente a partir de lo que has escuchado acerca del Dhamma, etc., podrías extraviarte, y regresar al camino correcto sería muy difícil. Así que toma un curso. Y cuando sea posible, toma otro. No te arriesgues a que las cosas discurran al revés.

P.: ¿Ha conocido usted personas que, después de practicar Vipassanā, adoptan el budismo además de la religión en la cual habían sido educados?

G.: En mi opinión, si alguien está establecido en el Dhamma, establecido en *sīla*, en *samādhi*, en *paññā*, es un budista desde todo punto de vista. Si alguien no está establecido ni en *sīla*, ni en *samādhi*, ni en *paññā*, no es un budista, aunque no deje de proclamar lo contrario. Las etiquetas "budista", "hinduista", "cristiano", "musulmán" no me interesan. El Buda es para mí aquel que entrega el Dhamma. Durante los cinco siglos que siguieron a su muerte, ninguna persona en India se proclamó budista. Fue solamente más tarde cuando las personas comenzaron a llamarse budistas. Lo que me interesa es la manera en que el Buda enseñaba. Si yo hubiera dicho a la gente: "Venid, voy a convertiros en budistas", nadie hubiese venido a mis cursos. Todo el mundo está apegado a su religión, a su filosofía, a sus creencias. ¿Por qué adoptar el budismo? Yo les digo: "Voy a enseñaros un arte de vivir, voy a enseñaros una manera de vivir más en paz, más en armonía. Aquí hay una técnica para alcanzar este fin, probadla durante diez días; vivid con moralidad, controlad vuestra mente, purificadla." Todo el mundo puede aceptar esto.

P.: ¿Qué mérito produce Vipassanā?

G.: Cualquier cosa beneficiosa que hagas, es un mérito. A nivel mental, cuando practicas Vipassanā, te abstienes de avidez, te abstienes de aversión, y al mismo tiempo sales de la ignorancia. Tu mérito reside ahí, en el hecho de que tu mente no produce nada malo, nada que dañe al prójimo ni a ti mismo. Éste es el mérito que produce Vipassanā: a cada momento que practicas esta meditación, obtienes méritos; y al mismo tiempo te purificas, y te diriges hacia la meta final.

P.: El recto pensamiento, la recta acción y el recto sustento, ¿están incluidos en la práctica de Vipassanā?

G.: A menos que tu conducta ética, *sīla*, sea buena, no podrás practicar *samādhi*, la concentración. Pero algunas personas no tienen un *sīla* adecuado cuando vienen a los cursos, porque no controlan su mente. Es durante los cursos cuando aprenden a controlar su mente y a purificarla. Es necesario haber desarrollado un buen *sīla* para practicar *samādhi*, y recíprocamente, hay que haber desarrollado *samādhi* para practicar *sīla*. El problema es, pues, el del huevo y la gallina: ¿cuál de los dos va primero? Así que se encontró una solución: se pone a la gente en una prisión... "vipassaniana" durante diez días. Durante ese tiempo no tienen ninguna ocasión de transgredir el *sīla*. Están tan ocupados en observar *anicca*, desde las 4 de la mañana hasta las 9 de la noche, en concentrarse en la inspiración, la espiración.... ¿cómo podrían encontrar el tiempo para matar, robar? Así, sobre la base de esta buena conducta ética, practican *samādhi*. Y, cuando su *samādhi* se hace fuerte, los asiste en su vida cotidiana y automáticamente su *sīla* se fortalece. Es así como el Dhamma nos ayuda en las dos direcciones a la vez.

P.: La avidez, la aversión y la ignorancia ¿son siempre malas?

G.: Si, siempre. No hay duda a este respecto.

P.: ¿Incluso cuando el deseo está orientado hacia el conocimiento?

G.: Sí, incluso en ese caso. En la tradición en la que fui educado, se busca por encima de todo, alcanzar la contemplación de Dios todopoderoso. Y para que Él nos la conceda, debemos rogarle, desear, llorar. A menudo les cuento a mis estudiantes que comprendí el Dhamma gracias a lo que mi maestro me explicó al respecto: "Cuando lloras, tienes deseo, avidez. ¿Cómo podrás alcanzar la meta, que está libre de avidez, en estas condiciones? ¿Crees que la avidez puede conducirte a la no-avidez? Es como si quisieras lavar tu ropa sucia con agua sucia."

P.: ¿Cuál es el patrón de medida de la sabiduría y de la ignorancia?

G.: Cuando ignoras lo que sucede en ti, estás en la ignorancia. Cuando observas lo que sucede en ti y comienzas a comprender que estás asistiendo a fenómenos impermanentes, entras en la sabiduría ¡Es simple! Así que comienza a observar la realidad de tu propia naturaleza, y saldrás de la ignorancia.

P.: ¿Cómo es que la ignorancia atormenta a los hombres?

G.: Cuando estás en la ignorancia, ignoras que sientes una sensación, ignoras si es agradable, ignoras que, a causa de que es agradable, produces avidez; o ignoras que es desagradable, y que, a causa de esto, produces aversión. Por tanto, generas avidez o aversión, deseo u odio, porque no sabes que existe una sensación. Esto es lo que te atormenta.

P.: ¿Puede el conocimiento de la filosofía occidental ayudarnos a deshacernos de la ignorancia?

G.: Descarto toda filosofía, sea occidental u oriental. No enseño filosofía, enseño la verdad sobre el sufrimiento y la verdad sobre el camino para salir del sufrimiento. El Buda no enseñaba más que estas dos cosas, y esto es lo que yo enseño. La filosofía no me interesa. Obtendrás mejores resultados si prescindes de la filosofía. Pero si persistes en hablar de ella, te enredarás y no podrás salir.

P.: ¿Qué debemos hacer para tener la sabiduría como compañera?

G.: Practica Vipassanā, y la sabiduría aparecerá.

P.: ¿Pueden las personas casadas avanzar en el camino como los monjes?

G.: Los que han renunciado al mundo para hacerse monjes o monjas son muy respetables, porque han renunciado a todo. Esto no quiere decir que los que no han pronunciado esos votos no tengan esperanza de avanzar: unos y otros siguen el mismo camino. Es más fácil para los monjes progresar, porque tienen menos responsabilidades, incluso ninguna responsabilidad en absoluto. Los otros, que tienen responsabilidades familiares, sociales, deben hacer frente a obstáculos con más frecuencia. Sin embargo, el camino está ahí, y pueden seguirlo. En tiempos del Buda había apenas cien mil monjes y monjas. Los otros discípulos, millones y millones de Indios del Norte, eran laicos, y muchos de ellos eran *sotāpanna*. No temas no poder practicar porque vivas en el mundo material. Nosotros los laicos tenemos aún más necesidad del Dhamma.

P.: ¿Tiene todavía una familia?

G.: ¡Sí! Y tengo un buen testimonio conmigo. (*Muestra a su esposa*). Pero, por supuesto, no en el sentido en que se comprende la vida de familia habitualmente: para nosotros dos, de ahora en adelante, consiste en vivir una vida de Dhamma y servir al Dhamma. Si se está listo para renunciar a la vida laica y convertirse en monje, hay que hacerlo. Pero para difundir el Dhamma doy cursos, llevo una vida laica. Por otra parte, a menos que los laicos aprendan a practicar el Dhamma, no puede haber buenos monjes. Los monjes salen de la sociedad: si la sociedad está corrompida, ¿cómo podrían emerger de ella buenos monjes? Lo más importante en los países donde el Dhamma no está implantado, es que los laicos lo aprendan. Más tarde, surgirán entre ellos monjes y monjas y la enseñanza del Buda será comprendida a un nivel más profundo.

P.: ¿Enseñó el Buda cómo liberarse de la mente y del cuerpo? ¿Quién puede dar pruebas aceptables de que la energía psíquica y mental del Buda se transformó en energía vital?

G.: No es necesario reclamar pruebas. La única prueba es lo que tú verificas: ¿estás saliendo de tu sufrimiento o no? Si estás saliendo, el camino te conviene. Si tu ira disminuye día tras día, estás en el camino correcto, y llegará un momento en el que estarás libre de toda ira. Si tu avidez disminuye, llegará un momento en que te habrás liberado de ella. Si procedes de otra manera, no llegarás a nada. Intentar saber si el Buda alcanzó tal o cual estado es un ejercicio inútil. Eso no te ayudará. Practica y aprovecha el Dhamma.

Glosario

Ānāpāna: respiración.

Ānāpāna-sati: conciencia atenta de la respiración.

Anattā: no-yo, sin ego, sin esencia, sin sustancia (*attā* designa el yo). Una de las tres características de los fenómenos, los otros dos son *dukkha* y *anicca*.

Anicca: impermanente, efímero, cambiante. Una de las tres características de los fenómenos. Los otros dos son *dukkha* y *anattā*.

Anusayakilesa: impurezas mentales latentes, "volcanes dormidos", dice S. N. Goenka; condicionamiento subyacente; la mente inconsciente.

Arahant (o *arahat*): ser liberado, que ha eliminado completamente las impurezas de la mente.

Attā: el ego, el yo. Ver *Anattā*.

Avijjā (o *moha*): la ignorancia, en particular la ignorancia de las sensaciones que se producen en cada parte del cuerpo a cada instante.

Ariya aṭṭanghika magga o Noble Sendero Óctuple: se divide en tres disciplinas: 1) *sīla*, la conducta ética, la pureza de las acciones físicas y verbales; 2) *samādhi*, la concentración, el dominio de la propia mente; 3) *paññā*, la sabiduría, la visión interior penetrante que purifica la mente en su totalidad. (Vipassanā es la práctica de *sīla*, *samādhi*, *paññā*, y en particular de la visión interior, sin embargo, se puede practicar *sīla* y *samādhi* sin practicar Vipassanā.

Ariya sacca: Noble Verdad. Las Cuatro Nobles Verdades son: la verdad del sufrimiento; la verdad del origen del sufrimiento; la verdad de la cesación del sufrimiento; la verdad del camino que conduce a la cesación del sufrimiento (ver *Ariya aṭṭanghika magga* o Noble Sendero Óctuple).

Bhaṇga: disolución.

Bhaṅghaññaṇa: experiencia de la disolución de la solidez aparente del cuerpo en vibraciones sutiles sometidas a un proceso continuo de aparición y desaparición que se suceden a gran velocidad (ver *Udayavayañana*). Este estado precede al de *saṅkhāra-upekkhā* (ver esta definición).

Bhāvanā: desarrollo mental, meditación.

Bhāvanā-mayā paññā: sabiduría nacida de la experiencia. Ver *paññā*.

Bhikkhu: monje que sigue las enseñanzas del Buda. Designa igualmente aquel que practica la meditación.

Bodhisatta (sánscrito: *bodhisattva*): ser que se transformará en un Buda.

Buda: un Buda es un ser Iluminado que ha descubierto el camino de la liberación, lo ha practicado y ha alcanzado el objetivo final por sus propios esfuerzos. Se llama "el Buda" a Gautama, cuyas enseñanzas dieron nacimiento al budismo.

Brahma: divinidad suprema.

Cinta-mayā paññā: sabiduría intelectual. Ver *paññā*. *Citta*: mente; una idea, un pensamiento, una intención.

Cittānupassanā: observación de la mente (ver *satipaṭṭhāna*) *Deva*: divinidad.

Dhamma (sánscrito, *dharma*): fenómeno, objeto mental (acepción no utilizada por S. N. Goenka en estas conferencias); ley de la naturaleza; ley de la liberación, es decir la enseñanza de un ser Iluminado; ley, característica esencial de un elemento de la naturaleza (ej. El fuego).

Dhammānupassanā: observación de los contenidos de la mente (ver *satipaṭṭhāna*).

Dosa: aversión, su recíproca es la avidez (*lobha*). Son los dos tipos de reacciones condicionadas ante las sensaciones desagradables o agradables.

Dukkha: sufrimiento, insatisfacción. Una de las tres características fundamentales de los fenómenos, las otras dos son anicca y *anattā*.

Hīnayāna: literalmente "Pequeño Vehículo". Término empleado para designar el budismo *Theravāda* por los budistas de otras escuelas.

Jhāna: estado de absorción mental o éxtasis. Existen ocho estados de absorción que pueden ser alcanzados mediante la práctica de *samādhi*: *samatha-bhāvanā*. Cultivarlos trae calma a la mente y felicidad, pero no erradica las impurezas mentales más profundamente enraizadas.

Lobha: avidez, su recíproca es la aversión (*dosa*, ver este término)

Kalāpa: la más pequeña unidad o partícula indivisible de la materia.

Kamma (sánscrito: *karma*) acción, en particular una acción que tendrá un efecto sobre el porvenir de su autor.

Karuṇā: compasión. Una de las cuatro formas de amor puro practicadas por el Buda, las otras tres son *mettā*, *muditā*, y *upekkhā*.

Khanda: agregado. Los cinco agregados son el cuerpo y los cuatro procesos mentales que forman la mente (*viññāṇa*, la conciencia; *saññā*, la percepción; *vedanā*, la sensación; y *saṅkhāra*, la reacción).

Mantra: término sánscrito que designa una palabra o una frase que tiene un carácter sagrado (ej. el nombre de una divinidad) y que se repite mentalmente en ciertas prácticas de meditación, para desarrollar la concentración.

Mettā: amor desinteresado; una de las cuatro formas de amor puro practicadas por el Buda, las otras tres son *karuṇā*, *muditā*, y *upekkhā*.

Mettā-bhāvanā: desarrollo sistemático de *mettā* a través de una práctica de meditación.

Muditā: alegría que se siente ante la felicidad del prójimo. Una de las cuatro formas de amor puro practicadas por el Buda, siendo las otras tres *karuṇā*, *mettā* y *upekkhā*.

Nibbāna (sánscrito, *Nirvāna*): estado de liberación de todo sufrimiento, que se encuentra más allá del mundo manifiesto y que ya no está subordinado a la impermanencia. Realidad última, incondicionada; extinción.

Paññā: sabiduría. Es la tercera de las tres disciplinas que forman la práctica del Noble Sendero Óctuple (ver *Ariya aṭṭanghika magga*). Existen tres tipos de sabiduría: *suta-mayā paññā*, literalmente la "sabiduría adquirida escuchando a otras personas", es decir la sabiduría recibida; *cinta-mayā paññā*, la sabiduría adquirida por el análisis intelectual; y *bhāvanā-mayā paññā*, la sabiduría nacida de la experiencia personal, directa. Sólo esta última puede purificar la mente por completo: ella se cultiva con la práctica de Vipassanā.

Pārami: mérito. Según la ley del *karma*, una buena acción produce méritos que en el futuro traerán beneficios a aquel que la realizó.

Paṭicca-samuppāda: Cadena del origen condicionado o encadenamiento de causas y efectos que van de la ignorancia al sufrimiento (pasando particularmente por la reacción, la conciencia, los sentidos, el contacto, la sensación, el deseo y la aversión, el apego) y por la cual no dejan de crearse vidas de sufrimiento sucesivas.

Samādhi: concentración, dominio de su mente. Segunda de las tres disciplinas que constituyen la práctica del Noble Sendero Óctuple (ver *Ariya aṭṭanghika magga*).

Sammā samādhi, la concentración correcta, es desarrollada tomando como objeto, un objeto real, que no es el fruto de la imaginación, a saber, la respiración.

Samsāra: ciclo de renacimientos; mundo condicionado; mundo de sufrimiento.

Saṅgha: congregación, comunidad de monjes o monjas budistas; comunidad de aquellos que han experimentado el *Nibbāna*.

Saṅkhāra: formación mental; actividad voluntaria; reacción mental; condicionamiento mental. Uno de los cuatro agregados de la mente o procesos mentales; los otros son *viññāṇa*, la conciencia, *saññā*, la percepción, y *vedanā*, la sensación.

Saṅkhāra-upekkhā: literalmente ecuanimidad hacia los *saṅkhara*. Estado de la práctica de Vipassanā posterior a *bhaṅga*, donde las impurezas latentes en el inconsciente suben a la superficie de la mente y se manifiestan en forma de sensaciones. Manteniendo la ecuanimidad (*upekkhā*) hacia estas sensaciones, el meditador no crea nuevos *saṅkhāra* y permite la erradicación de los antiguos.

Saññā: percepción, reconocimiento. Uno de los cuatro agregados de la mente o procesos mentales. Los otros son *viññāṇa*, la conciencia, *saṅkhāra*, la reacción y *vedanā* la sensación. Ella está generalmente condicionada por nuestros *saṅkhāra*, del pasado y transmite una imagen deformada de la realidad. Mediante la práctica de Vipassanā, *saññā* es transformada en *paññā*, la comprensión de la realidad tal cual es.

Sati: atención, conciencia atenta.

Satipaṭṭhāna: establecimiento de la atención. Comprende cuatro formas relacionadas entre ellas: la observación del cuerpo (*kāyānupassanā*); la observación de las sensaciones que aparecen en el cuerpo (*vedanānupassanā*); la observación de la mente (*cittānupassanā*); la observación de los contenidos mentales (*dhammānupassanā*). Estas cuatro están incluidas en la observación de las sensaciones, ya que las sensaciones están directamente relacionadas con el cuerpo y la mente a la vez.

Sīla: conducta ética que consiste en abstenerse de actos físicos y verbales que puedan dañar al prójimo y a sí mismo. Primera de las tres disciplinas que constituyen la práctica del Noble Sendero Óctuple (ver *Ariya aṭṭanghika magga*).

Suta-mayā paññā: sabiduría recibida. Ver *paññā*.

Sutta (sánscrito *sutra*): discurso del Buda o de uno de sus discípulos principales.

Taṇhā: el deseo, que puede conducir tanto a la avidez (*lobha*) como a la aversión (*dosa*). Es una de las dos causas del sufrimiento, la otra es la ignorancia.

Tathāgata: literalmente, "el que se ha ido", es decir que ha dejado el mundo de la manifestación para alcanzar la liberación total. Término con el que se auto denominaba el Buda.

Theravāda: literalmente, "la enseñanza de los ancianos". Las enseñanzas del Buda bajo su forma conservada en los países de del Sudeste Asiático (Birmania, Sri Lanka, Tailandia, Laos, Camboya) reconocida generalmente como la forma más antigua de sus enseñanzas.

Tipiṭaka: literalmente "los tres cestos". Se trata de los tres libros de enseñanzas del Buda: *Vinaya-piṭaka*, la colección de la disciplina monástica; *Sutta Piṭaka*, el libro de los discursos; *Abhidhamma-piṭaka*, el libro de la enseñanza superior, es decir, la interpretación filosófica y sistemática de textos del Dhamma.

Udaya: aparición, particularmente de una sensación. El meditador de Vipassanā experimenta la aparición y la desaparición de las sensaciones y desarrolla así su sabiduría, que surge de la experiencia al observar su característica de impermanencia.

Udayavayañana: experiencia de la disolución de la solidez aparente del cuerpo donde la aparición y la desaparición de las sensaciones pueden tomar un cierto tiempo, sucediéndose a una velocidad menor que en *bhaṅgaññāṇa*.

Upekkhā: ecuanimidad. Ver *saṅkhāra-upekkhā*. *Vaya*: desaparición. Ver *udaya*.

Vedanā: sensación y actividad mental cuya función es sentir las sensaciones: uno de los cuatro agregados de la mente, o procesos mentales; las otras son *viññāṇa*, la conciencia, *saññā*, la percepción y *saṅkhāra*, la reacción. En la cadena del origen condicionado, *taṇhā*, la causa del sufrimiento, nace como reacción a *vedanā*. Aprendiendo a observar *vedanā* objetivamente, se puede evitar una nueva reacción de avidez o de aversión y experimentar directamente en sí mismo la realidad de la impermanencia (*anicca*). Esta experiencia es esencial para desarrollar el desapego que lleva a la liberación de la mente.

Viññāṇa: conciencia, cognición. Uno de los cuatro agregados de la mente o procesos mentales. Los otros son *saññā*, la percepción, *vedanā*, la sensación, y *saṅkhāra*, la reacción.

Vipassanā: visión interior penetrante que purifica la mente. Designa en particular la visión penetrante de la naturaleza impermanente del cuerpo y de la mente.

Yathā-buthā: literalmente "tal como es". La realidad (tal como es).

La línea de maestros de Vipassanā

La tradición dice que el mismo Gautama el Buda, hace 2600 años, enseñó la meditación Vipassanā a los habitantes del Norte de la India, tanto a monjes y monjas como a laicos. Descubridor de la técnica que lleva a la liberación, fue también su primer maestro.

Ampliamente difundida en el Norte de la India durante los cuatro siglos que siguieron a la desaparición del Buda, este método se perdió posteriormente, tanto en India como en todos los demás países budistas, excepto Birmania, donde se había recibido en la época del emperador Ashoka (304 A.C. - 232 A.C.) que, cuando reinaba sobre la mayor parte del subcontinente indio, envió a nueve regiones vecinas (incluida Grecia), emisarios del Dhamma, monjes que eran *arahant*, para difundir las enseñanzas del Buda.

Ledi Sayadaw
(1846–1923)

Ashoka envió también maestros a regiones tan distantes como los actuales Siria y Egipto. Entre estos hombres, Sona y Uttara fueron enviados a Birmania y ambos llevaron consigo la técnica de meditación Vipassanā. Durante los siguientes siglos, la técnica fue transmitida en su pureza original, de maestro a discípulo, en el marco restringido de los monasterios, pero siguiendo una cadena que jamás se interrumpió y que ha permitido conservar hasta nuestros días el conocimiento y la práctica de Vipassanā. A finales del siglo XIX, el Venerable Ledi Sayadaw (1846–1923), un monje célebre en Birmania por sus manuales de

Saya Thetgyi
(1873–1945)

meditación y sus comentarios acerca de las enseñanzas del Buda, decidió que había llegado la hora de que la técnica de Vipassanā se difundiera de nuevo por el mundo, como decía una leyenda. Enseñó a un pequeño número de laicos entre los que figuraba Saya Thetgyi (1873-1945), un campesino de origen humilde. Desde que una epidemia de cólera había diezmado los habitantes de su pueblo y los miembros de su familia dejándolo sin consuelo, se entregó a una ferviente búsqueda espiritual que lo llevó hasta Ledi Sayadaw. Este último, muy satisfecho de los progresos de su alumno, lo exhortó a enseñar. Y así fue como Sayagyi U Ba Khin (1899-1971), cuando aún era un joven pasante en los servicios administrativos nacionales, aprendió la técnica de Saya Thetgyi.

Joven pero brillante, Sayagyi U Ba Khin ascendió rápidamente en el escalafón y se transformó en el primer jefe contable del Tesoro. Su reputación de eficacia y de integridad era tal que el Primer ministro lo nombró responsable de cuatro departamentos del Estado, e incluso se creó una ley especial para él, postergando la edad de jubilación obligatoria en la administración. Sin dejar de cumplir las funciones de su cargo de alto funcionario, Sayagyi U Ba Khin organizaba cursos de meditación, incluso en el seno de su administración, para luchar contra

Sayagyi U Ba Khin
(1899–1971)

la corrupción. Puso a punto una forma de enseñanza bien adaptada para personas laicas y no budistas.

Su anhelo más querido era que la técnica de meditación Vipassanā fuera reintroducida en India, donde había nacido, y luego se difundiera por el resto del mundo. Por diversas razones, U Ba Khin no pudo cumplir él mismo esta misión, pero la confió a Satya Narayan Goenka, a quien había nombrado maestro después de catorce años de práctica a su lado.

Desde entonces, a través de los maestros y maestros asistentes nombrados por S. N. Goenka, la enseñanza de Vipassanā se ha difundido ampliamente por el mundo y en todas las comunidades, cualesquiera sean sus creencias filosóficas o religiosas.

S. N. Goenka
(1924–2013)

Principales centros de meditación Vipassanā

Los cursos de meditación Vipassanā en la tradición de Sayagyi U Ba Khin, enseñada por S. N. Goenka y sus maestros asistentes, se llevan a cabo regularmente en más de cien centros repartidos en el mundo entero. La información sobre los lugares y fechas de los cursos está disponible en los centros permanentes y en el sitio de internet *www.dhamma.org* y *www.spanish.dhamma.org*.

SOBRE PARIYATTI

Pariyatti se dedica a proporcionar un acceso asequible a las auténticas enseñanzas del Buda sobre la teoría del Dhamma (*pariyatti*) y la práctica (*paṭipatti*) de la meditación Vipassana. A 501(c)(3) organización benéfica sin ánimo de lucro desde 2002. Pariyatti se sostiene gracias a las contribuciones de personas que aprecian y quieren compartir el incalculable valor de las de las enseñanzas del Dhamma. Te invitamos a visitar *www.pariyatti.org* para conocer nuestros programas, servicios y formas de apoyar las publicaciones y otros proyectos.

Editoriales de Pariyatti

Vipassana Research Publications (centradas en la práctica de Vipassana tal y como la enseñó S.N. Goenka en la tradición de Sayagyi U Ba Khin)

BPS Pariyatti Editions (títulos seleccionados de la Buddhist Publication Society, coeditados por Pariyatti)

MPA Pariyatti Editions (títulos seleccionados de la Myanmar Pitaka Association, coeditados por Pariyatti)

Pariyatti Digital Editions (títulos de audio y vídeo, incluidos los discursos)

Pariyatti Press (títulos clásicos reimpresos y escritos inspiradores de autores contemporáneos)

Pariyatti enriquece el mundo mediante:

- Difusión de las palabras de Buda
- Aportando sustento para el viaje del buscador,
- Iluminando el camino del meditador.

www.ingramcontent.com/pod-product-compliance
Lightning Source LLC
Chambersburg PA
CBHW031555040426
42452CB00006B/316
* 9 7 8 1 6 8 1 7 2 5 3 6 9 *